为自己背书
BACKABLE

成功说服他人的
7个步骤

The Surprising Truth Behind What
Makes People Take a Chance on You

[印]桑尼尔·古普塔（Suneel Gupta）
[美]卡莉·阿德勒（Carlye Adler） ◎著

古留歆 ◎译

中信出版集团 | 北京

图书在版编目（CIP）数据

为自己背书：成功说服他人的7个步骤／（印）桑尼尔·古普塔，（美）卡莉·阿德勒著；古留歆译. -- 北京：中信出版社，2022.10
书名原文：Backable: The Surprising Truth Behind What Makes People Take a Chance on You
ISBN 978-7-5217-4430-9

Ⅰ.①为… Ⅱ.①桑… ②卡… ③古… Ⅲ.①说服－语言艺术－通俗读物 Ⅳ.① H019-49

中国版本图书馆 CIP 数据核字（2022）第 082609 号

Backable: The Surprising Truth Behind What Makes People Take a Chance on You
Copyright © 2021 by Suneel Gupta
This edition published by arrangement with Little, Brown and Company, New York, New York, USA. All rights reserved.
Simplified Chinese translation copyright © 2022 by CITIC Press Corporation
ALL RIGHTS RESERVED
本书仅限中国大陆地区发行销售

为自己背书：成功说服他人的7个步骤
著者：　　［印］桑尼尔·古普塔　［美］卡莉·阿德勒
译者：　　古留歆
出版发行：中信出版集团股份有限公司
（北京市朝阳区惠新东街甲4号富盛大厦2座　邮编　100029）
承印者：　　河北鹏润印刷有限公司

开本：880mm×1230mm 1/32　　印张：7.5　　字数：180千字
版次：2022年10月第1版　　印次：2022年10月第1次印刷
京权图字：01-2021-2937　　书号：ISBN 978-7-5217-4430-9
定价：58.00元

版权所有·侵权必究
如有印刷、装订问题，本公司负责调换。
服务热线：400-600-8099
投稿邮箱：author@citicpub.com

献给我的妈妈,她教会我要对世界有好奇心
献给丽娜,她教会我要对人心存信任

目 录

引　言　改变命运：从赢得他人支持开始　/ I

第一章　先说服自己

　　　　　给新想法安排孵化期　/ 005

　　　　　直面反对意见　/ 011

　　　　　注重一次性工作的价值　/ 014

　　　　　"情感赛道"与"金融赛道"同样重要　/ 016

第二章　找准主角

　　　　　先要设定情景和角色　/ 023

　　　　　将受众带入故事当中才能感同身受　/ 025

　　　　　为提案、营销、广告等创作故事脚本　/ 028

　　　　　找准真正的主角　/ 032

第三章　一个值得争取的秘密

　　　　　得到想法的过程和想法本身同样重要　/ 039

提供一些网上无法搜索到的东西 / 042

你的努力要足以打动人心 / 045

第四章　营造不可或缺的感觉

提案演说要能传达一种未来趋势 / 053

先从宏观趋势和变化谈起 / 054

消除投资者对"下错注"的恐惧 / 058

只展现想法不够，还要展现想法正在发展 / 061

要有愿景，但不能太多 / 063

第五章　让局外人快速转化为局内人

让他人感觉自己也是创意的共同拥有者 / 069

谈一谈可能性，而不是必然性 / 072

请直接讲出"我们的故事" / 075

让参与者成为英雄 / 079

分享就够了 / 083

第六章　打好表演赛

成功的关键在于提前练习演讲 / 089

没有小场合 / 092

接受尴尬和负面反馈 / 094

不要问：你是怎么看的 / 096

建立背书人脉圈 / 099

21 轮法则 / 103

重塑个人风格 / 105

第七章　放下身段

要做出来，而不只是说出来 / 112

忘记自己 / 114

找到少数真正有热情的人 / 117

第八章　背书者精选访谈

柯尔斯顿·格林 —— Forerunner Ventures 基金公司创始人 / 125

彼得·切宁 —— 20 世纪福克斯董事长兼 CEO / 130

亚当·劳瑞 —— 美方洁创始人 / 139

蒂娜·夏基 —— 美国公共电视网董事 / 145

安迪·邓恩 —— Bonobos 联合创始人 / 153

布莱恩·格雷泽 —— 奥斯卡金像奖、艾美奖、

格莱美获得者 / 160

安·三浦-高 —— 天使投资机构 Floodgate 联合创始人 / 166

特雷弗·麦克费德里斯 —— 音乐艺术家 / 172

约翰·帕夫雷 —— 艾伦·麦克阿瑟基金会主席 / 177

结　论　活在当下 /181

致　谢 /191

附　录　各章节核心内容提炼 /193

注　释 /203

引 言

改变命运：从赢得他人支持开始

再过一会儿，我就要给许多硅谷精英讲故事了。我要讲一个关于职场且具有警世意义的故事，其中不乏项目被否决、错过提拔、初创企业几近破产的桥段。虽然真相丑陋，却也值得玩味。为什么我会有这样的看法？因为，我就是故事的主人公。

几周前，我接到一通受保护号码的来电，本以为对方是还没来得及电话沟通的投资人。然而对方自我介绍说，她是"失败集会"（Failure Conference）的组织者。"太有意思了，"她说，"我们集会已经两次提名你作为发言嘉宾了。"对她来说这或许很有意思，但我当时实在笑不出来。我压低了自己的声音，尽了一个小个子印度人的能力极限（印度人说话的声音普遍很大），表现出自己是一个职业人士，一个企业家。

我和这位组织者聊了自己的新创业想法。我创立的公司 Rise 提供电信健康服务，通过智能手机为用户匹配个人营养师。虽然我没有与这位组织者聊到这个想法的推进工作并不顺利，因为我当时既没雇人，也没找到投资者，但她却直觉般地感受到了我的绝望，提到集会现场的观众中不乏优秀的投资人。这正是我想听到的！我立即答应这位组织者作为主旨发言人参加"失败集会"。

演讲开始前，我曾质疑过自己做出的几个生活抉择。为什么事情会发展到如此地步？我在美国密歇根州郊区长大，读完大学后在底特律市区找到一份IT（信息科技）类工作。虽然薪资待遇很不错，但是每天都在重复地做诸如故障排除、制作电子表格、维护数据库这些简单又乏味的工作。那时，我一直期待有人能指着我说："那小子是个明星！让我们想办法发挥他的才干吧。"我坐在格子间汪洋般的办公桌边默默等待被发现，但始终没有等到。

于是，我做了一件在有些人看来毫无计划性的事情——去法学院读书。在法学院的第三年我拿到了一份位于曼哈顿中城，一家很豪气的大企业总部的工作。尽管这份工作的年终奖是我在底特律那份工作的两倍，但让我感到沮丧的是，拿下这份工作可能意味着会把我带回三年前那种浮躁又无聊的状态。或许我并不清楚自己到底在追求什么，但我知道这份工作绝不是我想要的。

我拒绝了这份工作，之后开始给硅谷的人打电话毛遂自荐。我想加入一家能创造一番事业的公司。最终我在火狐浏览器的开发者Mozilla公司（硅谷知名科技公司）找到了一份工作。我的本职工作是负责法律事务，却逐渐发现自己对办公楼另一头的工程师和设计师的工作更感兴趣。我会小心翼翼地站在他们身后，希望自己能帮他们做点儿什么。后来他们给了我机会，让我带领团队发布火狐浏览器的一项新功能。与工程师、设计师合作创造新事物，点燃了我内心的火焰。我终于找到了自己一直想做的事情。

在Mozilla公司学到的东西，足以让我在一家小有名气的初创企业里担任产品开发团队的领导。这家公司就是后来的高朋团购网

（以下简称"高朋"）。在不到两年的时间里，高朋在全球的员工人数就超过了一万，每年盈利超过一亿美元。高朋的成长速度超过了谷歌、脸书，甚至苹果。有一期《福布斯》杂志的封面宣传语就是"高朋——史上发展最快的公司"。高朋的 IPO（首次公开募股）规模在美国互联网公司的排名仅次于谷歌。[1]

然而，高朋突然就垮了。不到一年的时间，公司就失去了超过 85% 的市场份额，市值从 130 亿美元跌到不足 30 亿美元。[2] 公司 CEO（首席执行官）兼联合创始人安德鲁·梅森，也是我的伯乐，被解雇了。[3]

对我而言，离开高朋也正是时候。多年投身于不同的初创企业工作使我认识到，我真正想做却不敢去做的其实就是自己创业。当时我具备了经验，也有很不错的创业想法，但争取别人的投资却非常艰难。每当听到有创始人拿到投资的消息，我都会问自己，为什么拿到投资的人不是我？身在集聚创业点子的硅谷，我逐渐产生了一种挫败感，那种我曾经在底特律格子间办公桌边感受到的挫败。我在等待别人的关注，等待伯乐的挖掘。

参加"失败集会"一年多后的某天，我的手机震动了起来。来电的是我的亲兄弟桑杰。桑杰既是一位获得过艾美奖的电视台记者、《纽约时报》畅销书作者，还是一名神经外科医生。当我还在为如何能让父亲为我骄傲而绞尽脑汁之时，桑杰的成就已经足以令全印度的父亲感到骄傲了。我给他回了条短信："一会儿回你电话。"当时我正在准备一场主旨演讲。我快速浏览着自己的演讲稿，扫视人群时我伺机寻找投资人，却忽略了奋笔疾书的记者。一年多过去了，"失败集会"的经历已经被我忘了个一干二净。那时，我已经组织了一个小团队,与我一起做 Rise 项目,只是尚未得到投资。我们努力寻找客户,很快就资金告罄了。我和联合创始人需要筹集资金,扩大团队,开发一款伟大的产品,成立一家有所作为的公司。但如果不尽快获得投资,我的这个创业梦就要破碎了。

后来发生的事改变了一切。某个星期六早晨,我听到妻子丽娜在和她的母亲通电话。"不,妈妈,我们不搬家。"她说,"是,我知道旧金山的钱很难赚。"我走进房间,丽娜拿着当天的《纽约时报》,正好翻到讲述失败故事的那一页,而故事上方赫然印着我的照片。我看到了自己有些滑稽的大头照。

那篇报道火了。那段时间只要在谷歌上搜索"失败"一词,那篇关于我的报道就会出现在前几个搜索结果中。我在整个职业生涯中竭力营造一个成功者的形象,而现在我却成了失败的象征。我的收件箱塞满了各种安慰的消息,我的父母也主动承担了我们当月的房租。曾经的法学院教授联系我,帮我找了一份工作。好几年都没说过话的朋友突然发消息询问我是否安好。

我意识到不能再把假装成功的态度作为挡箭牌了,所以我决心改头换面。我用《纽约时报》的那篇报道来破冰,给成功人士发邮件。我在邮件里这么写道:"您从下面这篇报道中可以发现我有些茫然失措。请问您愿意与我喝杯咖啡,并给我一些建议吗?"

这一招很奏效。那篇报道为我铺路,让我有机会与上千名有魅力的成功人士进行了公开而坦诚的对话,这其中不乏独角兽公司的创始人、奥斯卡获奖影片的制作人、烹饪大师、国会议员,乐高和皮克斯这类独具一格的公司的高管,甚至还有五角大楼里的军事领袖。

最终,我得出了足以改变人生的结论。这些能改变自己命运的人不仅仅是因为优秀,更多的是他们值得别人为之背书。他们具备一种神秘的"超能力",汇集了创造力和说服力。当这些值得他人背书的人进行表达时,就会感染他人。当值得他人背书的人分享意见时,人们通常会采纳意见并展开行动。

有些人仿佛天生就能获得他人的支持。事先声明,我并不属于这一类人。我天生内向,外表看起来也比自己的实际年龄要小,在面对压力时又很容易逃避。我和杰克·多西(推特公司联合创始人)那场谈话的糟糕表现就是典型例证。

我当时在杰克·多西新成立的公司 Square 面试产品开发岗位,尽管那会儿我已经有多年带领产品组工作的经验,但是面对他提出的问题,即使是最简单的问题,我都不能回答得前后一致。我很紧张,汗流浃背,舌头打结。在 30 分钟的面试过程中,我眼见他的表情从微笑渐渐消失,变为满是疑惑。最终,我没能拿下这份完全可以胜任的工作。

每个人都经历过这种时刻:怀揣着激动的想法,脱口而出的语言却索然无味。这个过程就好比努力把一张皱巴巴的一美元纸币塞进自动贩卖机里。

然而,这张皱巴巴的一美元纸币和一张干净挺括的一美元纸币的价值毫无差别。人人都有潜力变得值得他人为其背书。只要调整一下风格,保留自己的特点,不要放弃个人特质即可。

本书讲述的就是成功说服他人的 7 个步骤,是它们改变了我的生活和职业方向。我不断调整自己,从在小组会议上发言都会感到尴尬,到能在坐有米歇尔·奥巴马和蒂姆·库克这样的大人物的办公室里自信地提出自己的想法;从《纽约时报》的失败面孔转变为纽约证券交易所杂志的创新面孔;从不断遭到投资人的拒绝,到融资上千万美元。

《今日秀》做了关于 Rise 的专题节目,苹果公司宣布 Rise 为年度最佳新应用程序,奥巴马主政时期的白宫选择我们为减肥合作伙伴。蒸蒸日上的 One Medical(数字化医疗服务公司)在公开上市发行筹备期间,以高达原始价格数倍的价格收购了 Rise。

当意识到这些改变所具有的力量时,我便希望能够与大家分享,希望和这个世界一起拥有这股力量。它不仅对企业家有用,而且对各行各业的从业者——从理疗师到音乐家,从教育家到时装设计师——都有用。想在梦寐以求的画廊办展览的艺术家,想让客户采纳自己推荐意见的会计师等都需要这股力量。今天,我要把这 7 个步骤教给医院、企业、慈善机构和办公室的职场人,让他们赢得别人的支持。此外,我还在哈佛大学授课,教学生如何开启一段能够获得他人背书的职业生涯。

我确信每个人都有杰出的想法,只是大部分人不太敢与他人分享,并因此错失了机会。每个人都了解那种被无视、被忽略的感觉,就像我们不具备该有的技能一样。

一个人的才能没有被挖掘的情况普遍存在,由此也产生了巨大的损失——对个人生活境遇,对社会发展水平,甚至对人类命运都有影响。

"挑战者"号航天飞机发射当天早晨,美国国家航空航天局工程师鲍勃·埃贝林泪水涟涟,猛锤自己汽车的方向盘:"所有人都会死的。"[4] 埃贝林在发射前一天警示,低温会导致火箭助推器 O 形密封圈中的橡胶材料失去弹性,并因此失效。埃贝林收集好数据后召开会议，试图说服同僚延迟发射，但未能成功。

"挑战者"号发射后仅73秒就解体了，7名宇航员于事故中丧生。这7个人中有第一次参与太空飞行的教师科里斯塔·麦考利芙。[5]由于没能说服那群做决策的人，埃贝林余生都在为自己的无能感到自责。去世之前，埃贝林接受美国国家公共广播电台采访时说道："上帝犯了个错误，他不该让我去从事那份工作。"[6]

我们可以把埃贝林和比利·麦克法兰做一下比较，后者说服各界名流、政府和投资者向弗莱音乐节投入了上千万美元。麦克法兰在文案中宣传音乐节上会有全世界最炙手可热的音乐人表演，以及美妙的白沙滩和五星级住宿条件。然而，各路宾客抵达后才发现，迎接他们的只有救援帐篷和芝士三明治，并且需要自己寻找清洁饮用水。如今，麦克法兰正因欺诈罪被判6年监禁。人们依旧百思不得其解，一个毫无业绩背书的、名不见经传的创始人，是如何说服那些知名人士为他投出那2 600万美元的。[7]

如果能把比利·麦克法兰的说服力注入鲍勃·埃贝林体内，这个世界将会变得更美好。这也正是我写本书的原因。这个世界需要会推销好想法的正直的人。

在我最喜欢的赢得他人支持的故事里，有一位被《时代》杂志称作"开拓者"的女性——达马扬蒂·欣戈拉尼。[8]欣戈拉尼幼年时生活在印度和巴基斯坦边境的一处难民营。虽然家中没有自来水也没有电，但她学会了读书。《亨利·福特传》是她从头至尾读完的第一本书。这本传记点燃了欣戈拉尼的梦想，欣戈拉尼的梦想是成为福特汽车公司的一名车辆工程师。在有些人看来，这个梦想对于处在那个年代，生活在那个地区的小姑娘来说几乎是不可能实现的。

欣戈拉尼很幸运，她的父母相信并支持她的梦想。这对夫妻省吃俭用攒下了送她去美国的船票。几年后，欣戈拉尼从俄克拉何马州立大学毕业，搭上开往底特律的火车，追求自己梦想的工作。

20世纪70年代，福特汽车公司如日中天，虽然雇用了上万名工程师，却没有一位是女性。欣戈拉尼在办公室接受招聘经理的面试谈话，对方操着中西部的礼貌口吻说道："很抱歉，我们这里没有一位女性工程师。"[9]

欣戈拉尼很泄气，捡起皱巴巴的简历，抓起包，起身准备离开面试房间。忽然间，她似乎想起了让自己走到今天的驱动力，那些自己和父母付出的代价。欣戈拉尼转过身，直视招聘经理的眼睛，说出了自己的故事：夜里点着煤油灯读着关于福特T型车的故事；登船后最后一次挥别父母，也不知何时才能再次相见；因为工程学院没有女卫生间所以不得不骑车离开校园去如厕。在面试房间里，她一股脑地把这些都讲了出来。

欣戈拉尼接着说："如果福特汽车公司现在还没有女性工程师，那就请您帮帮公司，聘用我这个女性工程师。"在这间不起眼的办公室里，这位成长于密歇根郊区的中年经理决定，让这个来自印度和巴基斯坦边境的24岁难民试一试。1967年8月7日，欣戈拉尼成为福特汽车公司成立以来第一位女性工程师。[10]

欣戈拉尼成为移民的一盏指路灯，在后来很长一段时间里鼓舞了那些相信未来的人。欣戈拉尼促使整个汽车行业重塑了招聘思路，她还在福特汽车公司内部指导了很多少数族裔女同事。欣戈拉尼为福特汽车公司服务了35年后退休，又成为"编程女孩"的精神领袖,该组织为全世界超过30万女孩提供科技方面的培训。[11]

除此之外,欣戈拉尼还给很多领域带来了改变,工作群体的性别比例得到了改善,移民和女性的未来也更加美好。她的改变也切切实实影响到了我。如果欣戈拉尼没能在那间平淡无奇的面试办公室里说服招聘经理,如果她没能让自己值得别人支持,我也不会在今天写下本书。因为欣戈拉尼正是我的母亲。

当我竭尽全力想要从人群中脱颖而出,却成了"失败"关键词搜索排名靠前的结果时,是她鼓励我前进,也是她让我明白,成功的对立面不是失败,而是无聊。人不能等别人来邀请自己分享想法,因为这一天有可能永远不会到来。要成功,就必须站出来,让别人看到你已经发现的自我价值。

本书会教你如何做到。

The Surprising Truth Behind What
BACKABLE
Makes People Take a Chance on You

第一章
先说服自己

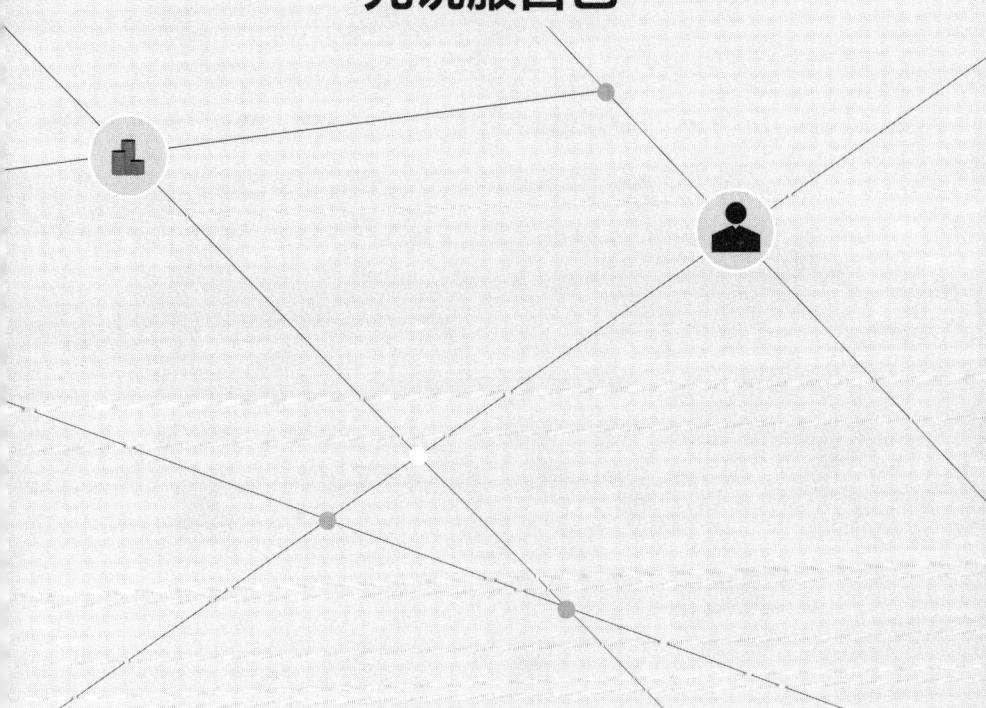

1969 年尼克松当选美国总统后，为了支持越南战争而大幅削减了预算。美国公共电视网首当其冲。尼克松认为前任总统林登·约翰逊的"伟大社会"理念给美国公共电视网带来的生机就是个"花架子"，毫无存在的必要。尼克松削减经费的政令需要得到参议院的批准，但这只是走一下流程，毕竟时任参议院通信小组委员会参议员的约翰·帕斯托雷是越南战争的支持者。

唯一的阻碍就是一个性情温和的电视综艺节目男主持人，或许帕斯托雷议员听都没听说过这人。[1] 在这个男主持人等待做证时，帕斯托雷甚至无法掩饰自己的攻击性。"好吧，罗杰斯，"帕斯托雷暴躁地说道，"你来发言。"

这个"罗杰斯"不是别人，正是电视节目《罗杰斯先生的左邻右舍》的主持人弗雷德·罗杰斯。此后的事情估计很多人都知道了，罗杰斯发表了一场 7 分钟的演讲，保住了美国公共电视网的未来，这场演讲至今都是很多文章、书籍和爆款视频的主题。罗杰斯的表现令人印象深刻。如果没有这场演讲，像《芝麻街》《宇宙》

这样的传奇节目可能根本不会问世。

然而，如果你回过头去看罗杰斯的演讲，感受可能会完全不同。当时，罗杰斯紧张地在座位上翻来覆去地摆弄着演讲稿。他演讲的语调平缓而单调，也没用任何手势。罗杰斯的举止在很多方面都与"会议主持人"[①]、戴尔·卡内基这样的公共演讲课程所强调的内容相反。那到底是什么让这场演讲如此有影响力的？

刚开始写作本书时，我以为自己可以找到赢得他人支持的固定表达模式，包括如何使用眼神交流、手势和吸引观众的表达节奏。然而，越往深处挖掘，就越发现赢得他人的支持并不如我所想的那样。

在观看 TED（美国的一家分享关于技术、社会、人的思考和探索的私有非营利性机构）演讲时[2]，我惊讶地发现罗宾逊爵士在探讨学校是否在扼杀孩子的创造力时，不仅站得有点懒散，而且还有一只手插在口袋里。看埃隆·马斯克揭晓美国太空探索技术公司的发展前景时，你或许会认同《公司》杂志的标题——公众演讲的失败代表马斯克。[3] 如果能看到第一代苹果手机发布会的原始视频，你会惊奇地发现，史蒂夫·乔布斯至少说了 80 次"呃"。[4] 即使如此，罗宾逊爵士的演讲仍占据 TED 排行榜首位多年，马斯克的 40 分钟演讲的浏览量达到了 200 万次[5]，乔布斯的苹果手机发布会也跻身史上最受关注的产品发布会之列。

这些演讲者并不是靠魅力打动人，而是说服观众相信他们所说的话。演讲者只是通过最自然的方式彰显自己的信念。如果你不相信自己说的话，即使是再炫目的幻灯片，再有说服力的手势都不能

[①] Toastmasters，一个致力于帮助他人提高演讲、倾听与思考能力的非营利性组织。

帮你圆场。想要说服他人，就必须先说服自己。

在准备 Rise 的推销宣传时，我花了大量时间关注展示效果，将各种美轮美奂的视觉资料融入幻灯片版面，并设计了一堆引人注目的宣传标语，还在镜子前演练手势。

然而，推销宣传并不是独角戏。尤其是在有犀利发问的人参与其中时，整个过程就会不断拉锯。前 15 分钟的展示显然很顺利，但是后 45 分钟的问答环节就会发生一些事情。

传奇电影公司制作人彼得·切宁曾有不少作品获得过奥斯卡提名，比如《隐藏人物》《马戏之王》《极速车王》，此外，他还投资了一些初创企业，包括潘多拉珠宝、冥想正念指南 App 和 Barstool Sports（美国男性体育网站）。切宁跟我说，当无法决定是否要支持一个想法时，他就会跟推销想法的电影制作人或者企业家说："这是我听过的最蠢的想法。"然后看对方是打退堂鼓还是迎难而上说服自己。

如果我第一次推销 Rise 就碰上此般情形，或许会慌了阵脚。我虽然把幻灯片做得很精美，但是缺少强有力的说服技能。彼时的我还没能说服自己，就去尝试说服他人了。在我意识到赢得背书是一项重要技能后，就开始学习如何说服他人接受新想法。

给新想法安排孵化期

2010 年 2 月 15 日，位于西班牙北部巴斯克地区乡间的一家米其林二星餐厅穆加里茨毁于一场大火。消防员奋战两个小时，用了 5 套消防设备才扑灭大火，但为时已晚。

穆加里茨餐厅包括厨房在内的核心部分都已化为灰烬，重新修好需要数月时间。重建的代价很高，并且在此期间餐厅也没有收入，但是主厨安多尼·阿杜里斯仍坚持给40名员工发放工资。[6] 全世界的主厨都很敬佩阿杜里斯，所以穆加里茨餐厅要倒闭的消息一经传出，从日本到委内瑞拉的米其林餐厅都伸出援手，帮其承担重建的费用。但是阿杜里斯很清楚，重新营业的穆加里茨餐厅，只有生意红火，才能弥补所有损失。

阿杜里斯召集人马，宣布接下来的4个月不能懈怠。没有餐厅，没有食客，甚至连一个完整的厨房都不具备，他们唯一剩下的就是自己的想法。因此，大家要用这段时间从头再来，反思自己所学，提出以前觉得不可能的新概念。

4个月后，穆加里茨餐厅重新开业迎客，阿杜里斯和团队已经打造出了一家全新的餐厅，从摆盘到烹饪手法之精髓改头换面。火灾之前的穆加里茨餐厅为食客准备两套菜单，一套是经典菜品，另一套则是冒险创新菜。火灾后的穆加里茨餐厅抛弃了安全的经典菜品，食客一进店，迎接他们的只有冒险创新菜。为什么要这样做？因为阿杜里斯团队在火灾后那几个月汇集了大量独特且有创意的想法，团队已经失去了打安全牌的欲望。

10年后阿杜里斯与我谈道，对于餐厅和他个人的烹饪理念而言，火灾后那段时间是个重大转折点。"毁灭与创造相生相伴，"阿杜里斯说，"火灾让我们重建了自己，更忠实于自己，也更忠实于我们的理想。"

正因如此，在火灾周年日临近时，阿杜里斯做了一件令美食家困惑，令不知情的游客沮丧的事情。他主动闭店数月，把时间用来创新菜单。自此,每年穆加里茨餐厅都要闭店3个月。每一年,穆加里茨餐厅都名列世界十大餐厅榜单,也是唯一连续14年上榜的餐厅。[7]

能够获得支持的人有很多行为都与阿杜里斯一样。他们经常在手机或笔记本上记下想法,然后进行孵化,他们并不急于分享,而是在幕后精心培育这些想法。后面我们会讲到比尔·盖茨休过"思考周"假,在此期间,他断网看书,目标是让自己沉浸在新想法里。[8]保罗·格雷厄姆是科技投资公司创业投资加速器的创始人,该公司专注于帮助创投企业加速发展,孵化的公司包括美国食品杂货配送初创企业Instacart、美国在线支付服务商Stripe、美国外卖公司DoorDash和多宝盒。格雷厄姆说,如果创始人能安静地想明白为什么自己的初创企业更值得投资,而不是急匆匆地赶到投资人面前进行推销,日子就会好过很多。[9]

刚形成的想法是不完整的,肯定也达不到与社会交流的要求。我们不能因为觉得想法不错就很激动,犯了还没准备好就开始与他人分享的错误。还没有花时间思考清楚脑中的想法,刚准备到一半就拿出来分享,如果没有得到良好的反馈,热情就会被耗没了。

设想一下,你早上醒来,捧起一杯咖啡,脑中突然闪现出一个想法。你跳进汽车奔向办公室,然后撞上你的经理特里西娅。你抑制不住兴奋地告诉她,你有一个超有意思的想法。特里西娅没有打断你,于是你开始分享自己的新想法——如何在团队内部实现相互沟通、相互反馈。这个想法是匿名操作的,操作方式很简单,只需要发送文字信息。最棒的是,不需要等到做绩效考核时才能知道团队对个人的意见。说到这里,你的声音都变了,因为你觉得自己的想法特别有才，脸上开始露出微笑。

然后事情发生了变化。特里西娅问道："系统如何知道应该在什么时候从同事那里获取反馈？"你思考片刻。"这个问题很好，"你说道，"我认为每过几个月就获取一次。或者我们可以做一个基于……基于自动触发的通知。你知道的，我还要再思考一下。"特里西娅茫然地盯着你，然后面无表情地"嗯"了一声。

多年的企业教练经历告诉我，大多数新想法并不是在会议室里被拒绝，而是在走廊或茶水间被堵死的。这些新想法没有经过深思熟虑，就被分享给众人。如果没有得到想要的反馈，人们就会把想法藏在心里。不是因为我们的想法不好，而是因为还没到分享给大家的时候。

孵化期对于企业家来说意义重大。2017年前后，乐高公司在近10年来第一次遭遇销售额和利润额的双重下滑。[10]雷米·马尔切利是自学成才的广告精英，仅在乐高这家丹麦顶级玩具制造公司任职一年，就担任起内部营销和沟通部门的负责人，公司领导要求他找出销售额和利润额双重下滑的原因。[11]马尔切利并没有直接给出报告，而是做了一个几乎撼动这家运营了80年之久的老牌企业的举动。

"我不会立刻得出结论，但我会立刻开始试验。"马尔切利说道。于是，马尔切利在本部门实施"慢下来"措施后，也提议整个乐高公司尝试慢下来。马尔切利号召自己管辖部门的所有业务每年停业两个月，经过这两个月的孵化期后，马尔切利和团队会提出新的想法。

乐高公司的管理层很不情愿地批复了马尔切利的孵化期请求，

马尔切利开始了"阿杜里斯式"的暂停。穆加里茨餐厅的烹饪团队在孵化期开始时通常会有差不多100个想法，结束时会提出大约50个令人信服的建议。这些建议会纳入阿杜里斯的考虑，做成最吸引食客的菜肴，能够触发食客的每一种感官享受。阿杜里斯团队在一次孵化期中，刻意将新鲜水果和食用菌放在一起，而这就是后来照片墙（Instagram）上一组名为"贵腐"的照片火了的原因。[12]

与阿杜里斯一样，马尔切利和他的团队把类似细目清单的想法列表砍得只剩下几个，其中有一个更是肯定会让乐高公司内部的某些人感到紧张。乐高公司的历史上出现过各种乐高坑具产品线，每条线都针对各自的客户群体储备有自己的营销方案。在孵化期，马尔切利和团队决定，围绕营销热点做规模更大的营销活动。尽管这些营销活动不针对每条产品线，也没有特定的性别和年龄段，但是马尔切利认为这种营销方案更有品牌号召力。在孵化期结束时，马尔切利已经做了足够多的试验，确信自己的营销方案是展示乐高品牌新想法的最佳方式。

马尔切利的提议会打破了一个常规且有效的流程。如果他还没开启孵化期就分享，这个想法肯定会被毙掉。如果他向上级稍稍暗示这个想法，一定会被告诫不要浪费时间。他没有将想法脱口而出，而是花时间对想法进行测试和提升，马尔切利和团队是带着结论，自信地走进会议室的。他们先说服了自己，再去打破一个行业领军企业几十年的传统。

乐高公司凭借孵化期这种新的办公方式，扭转了2017年销售额和利润额双重下滑的态势，在2018年和2019年实现了上升，尽管在此期间由于零售巨头玩具反斗城的关闭，玩具业的前景变得异常艰难。[13] 如果你去参观乐高公司总部，就会发现整家公司从创新团队到 IT 部门，都在采用各种迷你孵化期的方式办公。

真希望当时的我在 Rise 项目中也能有更多时间来做想法的孵化。有了 Rise 这个想法后，我很激动地想和他人分享。几个星期内我联系了好几个潜在投资人，邀请他们喝咖啡。以前，我艰难地筹款融资，而现在，我会将 80% 的时间用在撰写针对投资人的融资演讲稿上，将剩下的时间用在孵化具体的想法上。然而，此前我几乎将所有的时间都用在了说服投资人方面，却从未花时间说服自己。

我们应该反过来，用超过 80% 的时间说服自己，剩下的时间用在制作幻灯片、商业计划书或者说服其他支持者上。当你准备充分地走进会议室时，即使资料的价值一般，也会信心满满，而不是相反的情况——资料价值很高，信心却不足。

有一点值得注意，阿杜里斯和马尔切利的孵化都有明确的截止日期，而非无休止。阿杜里斯的穆加里茨餐厅有明确的恢复营业的日期，马尔切利也有向公司高层汇报策略的日常安排。如果孵化没有截止日期，人就很容易拖着一个想法而毫无进度。为了保持自律，赢得支持的人会避免选择"顺其自然"的方式，而是定下一个截止日期。这时候，要么你已经对自己的想法充满信心，要么只能放弃。

在各个行业中担任任何工作都需要懂得如何赢得支持。特洛伊·卡特（知名唱片制作人和投资人）与说唱歌手图派克、威尔·史密斯这样的大明星合作过。他说美国女歌手 Lady Gaga 既有紧迫感又很专注，所以很欣赏她。[14] Lady Gaga 在刚被美国著名的嘻哈唱片公司 Def Jam 拒绝时，一直借宿在祖母家的沙发上。Lady Gaga 的父亲看到女儿的拼搏奋进，决定给她一年时间拿下一份唱片合同，否则她就必须回去上学。[15] 最终 Lady Gaga 成功了。[16]

直面反对意见

在 Mozilla 公司工作期间，我建立了一家名为"卡尼运动"的初创公司，用开源软件为纪录片制作提供方便。同时，这一做法也得到了"西南偏南"音乐节的认可。尽管我没能找到变现的途径，但是这个想法确实让领英的联合创始人里德·霍夫曼注意到了我，他也对开源软件的新用途充满了热情。我的这个想法虽然没能成功，但霍夫曼从此成了我的朋友和导师。

当 Rise 在投资者那里吃了闭门羹后，霍夫曼向我分享了他取得融资成功的关键。"所有融资都存在 1～3 个潜在问题，"霍夫曼对我说，"要直面问题。"

当霍夫曼还是苹果公司的一名初级员工时，就实践了自己的方法。霍夫曼告诉我："我想做一名产品经理，但没有与之相匹配的从业经历。"与之相匹配的从业经历之所以重要，是因为当时招聘团队眼前满是合格的候选人。霍夫曼知道自己很难在简历这一关胜出，所以他决定尝试新方法——直接转换思路找到苹果公司的电子世界团队，这是一个虚拟社交产品团队，产品管理负责人是詹姆斯·艾萨克斯。"我知道自己没有任何产品管理经验，"霍夫曼说，"但是，我能否写一份文件概述自己的想法给您过目？"

艾萨克斯答应了。几天后，霍夫曼带着自己的想法回来了。尽管这份文件并不是很成熟,却向艾萨克斯展示了霍夫曼的潜力,开启了霍夫曼的产品管理生涯。霍夫曼没有逃避自己缺乏经验的问题,而是直接解决问题,把一个潜在的质疑者转化成自己最早的职业背书者,从而帮助自己奠定了职业生涯基础。

多年后,霍夫曼与他人共同创立领英,他知道投资者最关心的是收入。他说:"投资者那时还在舔舐互联网泡沫破灭后留下的伤口。"投资者当下关注的是"已获得成功的商业模式"和"领英还没有一美分的收入"。

霍夫曼没有回避收入问题,而是直接解决。他先是承认收入不足,然后迅速展示了领英有广告、上市和订阅三种潜在赚钱途径。最终他赢得了足够的信任,让投资者相信他能解决好问题。

霍夫曼分享的最后一个注意事项是尽快针对反对意见提出解决方案。"在最初的几分钟内,投资者的注意力最为集中,"他说,"大多数投资者都是带着问题来的,如果你主动表明理解他们的主要关注点,就能在接下来的展示中赢得他们的关注。"

虽然我也使用幻灯片来提出新想法,但我并不认为这很有帮助。幻灯片会让自己绕开反对意见,高级的标题符号和精美的视觉效果给人提供了掩护。这也是杰夫·贝佐斯在高层会议中取消使用幻灯片的原因之一。[17]

随着亚马逊的发展不再仅限于书店业务,贝佐斯不断面对下属提出的新想法——新的产品线、收入来源和技术能力。在接受提案时贝佐斯一贯很苛刻,他认为做提案的人并没有做好准备,不足以回答自己的问题。

因此,贝佐斯将亚马逊的想法展示过程从幻灯片转变为书面叙述。如果你有一个新概念要与贝佐斯分享，就需要使用完整的句子和段落，用 3～5 页文件进行阐释。贝佐斯在宣布这一变化时说："如果有人在文档中建立一个要点列表，那就和幻灯片一样糟糕。"[18]

从使用幻灯片提想法转变为通过叙述提想法后，亚马逊高级管理人员告诉我，虽然想法的质量没有改变，但阐述效果明显得到了提高。一位前亚马逊高级管理人员告诉我："每写完一篇陈述稿之后，我总是感觉自己准备得更充分了，能回答好贝佐斯的问题了。"

虽然幻灯片标题可以列举你的想法，但陈述稿的完整段落更能迫使你解释原因。每当我写一篇新的陈述稿时，就强迫自己对想法提出至少三个关键的反对意见，然后用完整的句子进行回答。由于不能用标题，我不得不用"因为"来解释自己的想法。我几乎不与其他人分享自己的陈述稿，它只是我说服自己的工具。

在开始推销 Rise 时，我想尽办法躲开反对意见，希望投资者不要提起，但总是事与愿违。当我无法回答投资者的问题时，这些反对意见就变成了"陷阱"时刻，彻底击垮了我的想法。

听完霍夫曼的故事后，我停下了寻找投资者的步伐，开始思考并着手解决反对意见。Rise 旨在将客户与个人营养师进行匹配。虽然我有完整的招募营养师计划，但却不知道如何找到客户。减肥领域的广告费用很昂贵，业内竞争十分激烈，其中不乏慧俪轻体和珍妮·克雷格饮食等大品牌。

因此，我留出两周的孵化期来思考如何更有效地触达客户。与阿杜里斯一样，我想快速测试一系列想法。最初想让医生将患者介绍给我们，但在调查了十几位医生后，我发现许多医疗保健类的初创企业都在"轰炸"医生请求转诊。

我继续测试其他渠道,最终找到了一个有潜力的渠道。有个朋友刚刚参加了一场名为"最强泥人"的国际障碍挑战赛,他给我看了照片——上千人聚集在芝加哥郊外一场比赛的起跑线上。我做了研究,意识到马拉松、铁人三项,以及像"最强泥人"这样的比赛正在以惊人的速度发展。如果我们尝试为这些锻炼人群匹配个人营养师呢?我开始向这些赛事的组织者做电话推销,并得到了积极反馈。我在脸书投放了针对轻量级赛车手的广告,也获得了可观的点击量。

当我再次站在投资者面前时,不再回避他们提出的获客问题,而是直面解决。我首先承认这个问题仍有待解决,但随后展示了"最强泥人"等赛事的发展趋势图以及我们的测试结果。这的确不是解决获客问题的完美答案,但是直面问题而不是回避让我赢得了信任,更解决了一些本来会困扰潜在投资者的问题,从而帮助我抓住了投资者的注意力。

注重一次性工作的价值

畅销书作家萨尔曼·鲁西迪曾获得英国布克奖,并凭借其文学贡献被英国女王封为爵士。我很喜欢他。我在芝加哥的法学院上学时得知鲁西迪也在芝加哥,于是疯狂地在网上搜索他的电子邮箱地址,恳求他跟我喝杯咖啡。他和蔼地答应在会议间隙给我 15 分钟时间。当我提出第一个问题"你是如何获得写作灵感"时,我可以看出他对自己的决定感到后悔。

他直视了我一会儿,以便我记住他要说的话。"我没有得到写作灵感。我只是在写而已。"接着,鲁西迪告诉我,他每天早上都与其他人一样坐在办公桌前。他写出的大部分文字都无法使用,但他认为在自己每天写出的文字里都埋藏着一颗颗值得保留的小小的珍珠。多年来,他将这些"珍珠"串在一起,集成了一页又一页、一章又一章,最终串成了十多部小说。

处理新想法是一个积极的过程,不仅是在大脑里处理,而且是开始一个项目——无论是通过写作、绘图、写代码还是其他任何方式。这样你就有足够的时间后退一步问:"方向正确吗?"这的确很难,因为得到的答案可能是"不正确",然后你就会觉得自己浪费了时间。

我6岁时曾去新德里探亲。那阵子亲戚家刚买了第一台电视机——带天线的黑白电视机,天线就像"兔子耳朵"一样,连接到屋顶。电视屏幕经常不清楚,所以我和表兄弟会一起跑到屋顶,调整"兔子耳朵",然后再跑回去观察结果。但有时只调整"兔子耳朵"是不够的。无论我们如何调整它,电视屏幕仍然有些模糊。遇到这种情况,我们就需要将它移动到屋顶上另一个完全不同的位置,然后重新开始调整。

大多数人都害怕把事情写在纸上,因为可能会直面结果,还会意识到只是调整"兔子耳朵"并不能解决问题,必须移动天线,重新开始。我们需要说服自己,有些一次性工作只是漫长过程中的一部分。在我把这本书的稿件交给编辑之前,已经删了100多页内容,而我是在看到这些呈现在纸上的段落时,才知道它们不起作用的。仅仅调整这些文字不足以改变想法上的模糊之处,因此我不得不放弃它们，重新开始。

如果你和当初的我一样，对一次性工作感到反感，那么不妨听一听肖恩·瑞安的故事，也许会对你有所启发。瑞安曾是一名苦苦挣扎的电视剧作家，他写了16部电视剧剧本，不仅没有一部被播出，甚至没有赚到一美分。直到他写下最后两部——《纽约重案组》和《拉里·桑德斯秀》，才获得了关注。这些剧本引起了唐·约翰逊主演的犯罪剧《纳什警督》的创作者的注意。因此，瑞安拿到了自己第一份专职剧作家的工作。

瑞安养成了在闲暇时间写作和孵化新想法的习惯。他开始构思一个名叫维克·麦基的反派警察角色，此人领导着洛杉矶警察局的突击小队，却也因腐败而受到调查。美国福克斯有线电视网买下了这个剧本，瑞安成为《盾牌》的编剧和导演。这部剧集获得了6项艾美奖提名，并成为最早能将格伦·克洛斯和福里斯特·惠特克等电影明星吸引到电视圈的电视剧。

瑞安一夜成名，但事实却是他花了好几年时间做那种一次性工作。当我向瑞安问及其他剧本时，他告诉我"所有努力都没有白费"，因为这一切都指引他写出了《盾牌》。

瑞安对那些崭露头角的作家或怀揣新想法之人的建议是："先做好工作，再与外界分享。你需要成为自己事业最热情的拥护者。你要先自我激励，然后才能激励他人。"

"情感赛道"与"金融赛道"同样重要

在创业的世界里，人们痴迷于"金融赛道"，即银行里有足够多的存款，以保持事业持续发展并给员工支付工资。关于"情感赛道"，我们却谈论得不够多。情感赛道的作用在于为我们落实新想法提供能量。

多年来，我所看到创始人更多的是耗尽精力而不是耗尽资金。将新想法转变为现实需要极强的毅力。创始人总是既要面对怀疑、冲突和截止日期，又要保持高度的信心。保持能量高涨的唯一方法是对一个想法始终保持热情。知识和兴趣固然很重要，但这远远不够，我们还需要情感上的投入。

长期以来，心理学家一直认为我们的大脑由两个系统组成——理性系统和感性系统。在《象与骑象人：幸福的假设》一书中，社会心理学家乔纳森·海特将这两个系统描述为骑象人和大象。骑象人代表了个人的理性方面，喜欢分析问题、权衡利弊和讨论解决方案。但正是大象——人更为情绪化的一面，让人能够持续产生新想法。[19]

在一个新概念出现的早期，人们可能与内心的大象步调完全一致，对一个愿景、一种可能性感到兴奋。但随着对商业模式研究的深入和实用性的考虑，内心的骑象人接管了一切。

大象和骑象人两者都在发挥作用。仅弄清楚一个想法是否适合市场是远远不够的，还必须弄清楚这个想法是否适合自己。这个想法是否激起了你内心深处的某些东西。美国演员、作曲家林-曼努尔·米兰达说自己是"以恋爱为生"。需要数年时间才能创作出像《汉密尔顿》这样的歌舞剧。所以米兰达曾说："当你有了想法，你必然会真正爱上它。"[20]

投资者能够判断出创业者是否真的爱上了自己的想法。这就是为什么投资者经常会被对创业点子有个人情感的创始人吸引。安德森·霍洛维茨基金的执行合伙人玛吉特·温马赫斯最近向我介绍了 Propel 公司，这是一家帮助美国低收入群体管理食品券的初创企业。这个创业点子饱含着创始人陈吉米深沉的个人情感，因为在他的成长过程中，家人总会因为没有食物而苦苦挣扎。[21]

尽管人们不需要有共同的经历，就能对某个想法产生热情，但是获得支持的想法要能引起情感共鸣。奥斯卡获奖导演戴维斯·古根海姆曾执导过《不愿面对的真相》和《走进比尔：解码比尔·盖茨》，他告诉过我每个人大脑中的声音都不一样。他说"聪明的声音"总是在说"那是一个很酷的镜头"或"以前从来没有人这样做过"之类的话。但古根海姆表示，他会尽最大努力调整声音，不让自己显得像是在"抖机灵"，而是在以一种带着真诚态度的声音去表达。"如果有什么事情让我彻夜难眠。如果某件事让我生气或让我哭泣……那些原始的、本能的情感从未让我失望过。"

因此，当要确定一个想法是否适合自己时，问问自己是否爱上了它。深入挖掘时，持续关注自己的"大象"，思考新的挑战是在给自己加油，还是让自己筋疲力尽。

一直以来，我因让自己的"骑象人"接管一切而感到愧疚。当我考虑创办一家新公司时，我制作了一份关于商业创意的电子表格。表格中的竖列都是经典的创业因素，比如（越大越好的）市场规模和（越小越好的）竞争程度。

然而，当我与一位导师分享这份电子表格时，她问了我一个简单的问题："这些想法中的哪一个点燃了你的激情？"扫了一眼电子表格后，我被一个严峻的现实打击了：一个都没有。当时我在高朋工作，脑子里的想法都与电子商务有关。尽管我在学术上对电子商务感兴趣，但我并不喜欢这个市场。

如果我追求其中任意一个想法，很快就会消耗完自己的热情。丢弃了那张电子表格后，我直接做了一张新表格。这张表格不包括市场规模和竞争等因素。在A栏里列出自己的想法，在B栏里回答了一个简单的问题：爱这个想法吗？（"爱"或"不爱"）。那一次实践迫使我开始反思真正能让自己活跃起来的想法。随后我回忆起营养师挽救我父亲生命的事。

The Surprising Truth Behind What
BACKABLE
Makes People Take a Chance on You

第二章
找准主角

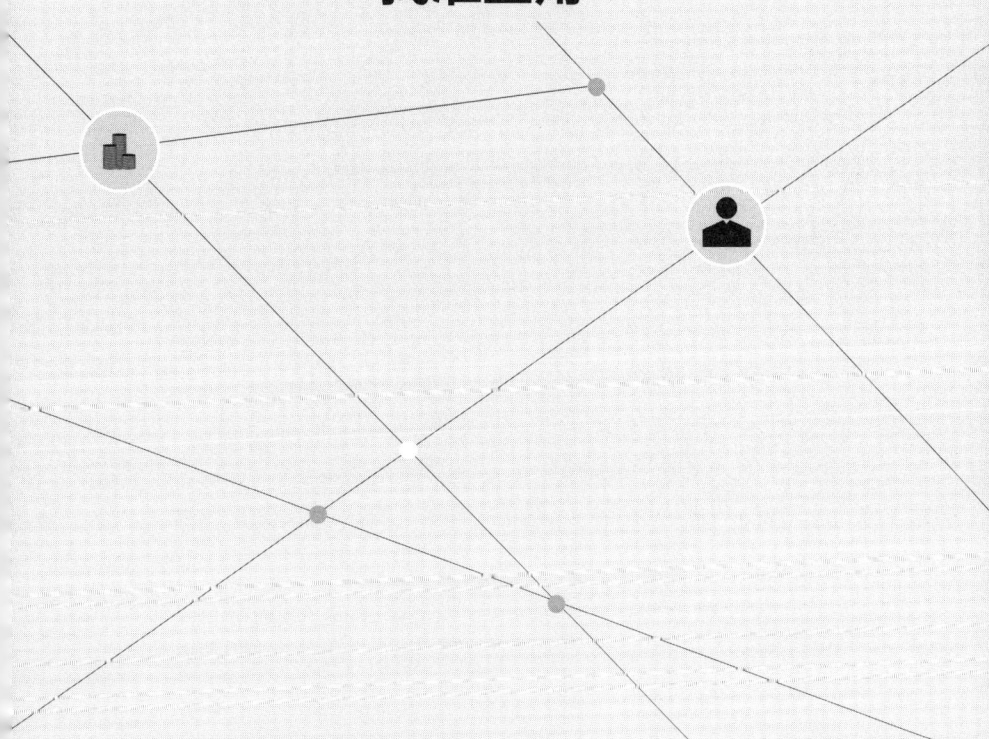

先要设定情景和角色

在创业界,柯尔斯顿·格林享有"王牌推手"的称号。格林创立了 Forerunner Ventures 基金公司,此后格林不仅相继投资了 80 多家公司,而且牵头筹集了超过 6.5 亿美元的资金。她被《时代》杂志评为 100 位最具影响力人物之一,并被美国科技博客评为"年度风险投资人"。

在职业生涯的早期,格林了解到一家剃须刀初创公司,但她对此毫无投资兴趣。分析师的职业背景让格林认为:剃须刀属于低利润的产品,并不适合进入电子商务领域。此外,即使初创公司起步了,也必须与吉列等行业巨头展开正面竞争。

然而,就在了解到剃须刀公司的两天后,格林与这家公司的创始人迈克尔·杜宾在旧金山参加了一场晚宴。听完杜宾的演讲后不到 10 分钟,格林就决定为他投资。格林告诉我,在那次偶然的交谈后她就在想:"我必须和杜宾做生意。"

杜宾并没有通过类似"我们希望通过在线销售更好、更便宜的剃须刀来搅乱这个价值数十亿美元的市场"的话来改变格林的主意。相反，他向格林介绍了这桩生意的主角——一位20多岁，积极关注健康，包括饮食和身体护理的男性。这一角色也比自己的父辈、祖辈更看重便利和隐私。设定好主角后，杜宾就开始带领大家体验他在药店购买剃须刀时，不得不经历的沮丧且烦琐的过程。他在货架上寻找剃须产品，终于发现被藏在一个上了锁的安全箱后面的剃须刀，然后他不得不按下求救按钮，提醒店里的每一个人，他需要那个装有剃须刀、避孕套和泻药的玻璃柜里的东西。他站在过道上被人指指点点，却不能离开，因为他不想错过拿着钥匙的店员。那个店员终于出现了，但因为还没干完上一个活儿而显得有点恼怒。店员站在顾客身后看着他做出购买决定。

杜宾讲述的细节栩栩如生，让人明显感到必须改变现有的购买体验。他没有说"这种体验不方便且过时"之类的笼统话，而是给格林一个高度视觉化的体验，然后让她自己得出这个结论。杜宾让剃须刀对于一个以"改写文化规则"为使命的投资者来说很有吸引力。[1]

作为个体，我们天生就关心个人的故事。这种习惯可以追溯到远古人类聚集在篝火旁的生活，并且已经被刻在我们的基因中。如果一部电影能让我们情绪激动，通常是因为我们觉得自己与特定角色而不是整个故事产生联系。或者想象有两则新闻报道。第一则报道是一架载有50名乘客的飞机在安第斯山脉坠毁，机上的人员估计都还活着。第二则报道是一架载有一名乘客的飞机在安第斯山脉坠毁，这名乘客可能还活着。忽然之间，我们想知道这名乘客是谁，来自哪里，为什么要去安第斯山脉。

这就是为什么记者会通过一个人的所见去报道一种趋势。《纽约时报》前专栏编辑特里什·霍尔说："如果你不觉得事实能改变世界，你就不会进入新闻业。"然而，霍尔还说："仅凭事实不会改变人们的想法。情绪和感觉同样重要，甚至可能更重要。"[2]

那次晚宴后不久，格林成为一美元剃须俱乐部第一轮投资的领头背书人，并加入了杜宾的董事会。4年后，这家公司被以10亿美元的价格卖给了知名快消公司联合利华。

将受众带入故事当中才能感同身受

比尔·盖茨曾经给自己女儿看过一段患有脊髓灰质炎的小女孩的视频。小女孩拿着一副破旧的木拐杖，试图沿着一条土路走下去。看完视频后，盖茨的女儿转向父亲说："那你做了什么？"[3] 盖茨告诉女儿，他的基金会正在试图根除这一病症。另外，盖茨告诉女儿一些数字：基金会正在安排数亿美元的投资，设立的目标以及已完成的指标包括将尼日利亚的病例数从700例/年减少至不到30例/年。"不，不，不。"盖茨的女儿打断他，指着视频问道："你为这个女孩做了什么？"

擅长讲故事的人不仅关注故事中的主角，而且关注读者中的主角。他们会想象自己是在与一个特定的人分享故事，而不是在跟很多人讲话。蒂莫西·费里斯帮助我切实地理解了这一点。

到我们见面时，费里斯已经投资了数十家初创公司，包括脸书、Shopify（加拿大电商服务平台）以及推特。当时我认为他会是

Rise 的完美背书人，不过他并没有接受我的提议，还给我发了一张"好人卡"。在谈话中，他分享了一个彻底改变了我对做提案的看法的故事。直到那时我才知道，虽然《每周工作四小时》在长达近 5 年的时间里，都雄踞着《纽约时报》畅销书之列，却曾连遭 26 家出版商拒绝。[4]

费里斯告诉我，那本书一开始写得很失败。他说："我试图将阅读对象扩大到尽可能多的读者。"结果故事讲得很平淡，没有人情味。于是费里斯改变了写作手法。他不再以大批量读者为对象写作，而是决定以两个特定的朋友作为读者——一个是企业家，另一个是银行职员。这两个人都觉得自己被工作困住了。费里斯坐在笔记本计算机前，给他们写了一封电子邮件，后来这封邮件演变成书中的一个章节。

以特定的人为写作对象会让故事讲得更清晰、更引人入胜。重点是，尽管费里斯是为两个朋友写了这本书，但他收到的最常见反馈却是"我觉得这本书是你专门写给我的"[5]。我及时吸取了这一经验，并将其应用在帮助一位首次创业的创始人做项目提案的展示中。丹尼尔刚刚离开美国打车应用开发商优步工程师的岗位，并接到了大量招聘电话，希望他加入新公司。但他等待的却是投资者的回电。

丹尼尔有一个新想法——为"千禧一代"创造属于他们的富达基金。他的创业目标是通过零费用的投资方式帮助人们偿还学生贷款债务。用户选择资产配置服务后，应用程序会自动通知你何时需要还款。

我们约定在旧金山的美国专业数据科技公司英巴卡迪诺附近的咖啡馆见面，这里因达成过众多成功的项目提案而闻名。我很早就到了，听着周围此起彼伏的提案声。尽管每张桌子谈的内容都不同，但"区块链"是这曲提案交响乐中发声最响亮的"乐器"。我陷入沉思，当丹尼尔拍我的肩膀时，吓了我一跳。他精力充沛，笑容满面，丝毫没有表现出电话中的沮丧。

然而，听他讲了5分钟的项目推介后，我就迷茫了。显然他对这个想法异常兴奋。但我无法理解他的想法。当他正准备抛出大量数字，要带我深入了解产品的细节时，我问他是否可以暂停一下。他停下后，我问他接受这项服务的对象是谁。他给出的答案一如既往："千禧一代。"

"举一个'千禧一代'的例子，"我说，"必须是你非常了解的，会使用你产品的人。这个人的生活会因为你的想法而改变。"

片刻之后，丹尼尔选择了他的前女友凯蒂。"太好了，和我说说凯蒂的事。"

"好的。"我能听出他声音里的困惑。他不太清楚这将如何帮助他为自己的想法打造一个商业案例。我请他相信我，毕竟我想看到他的提案获得成功。

丹尼尔慢慢地喝了一小口价格虚高的调味绿茶后，开始和我讲述凯蒂的事。凯蒂的父亲是一名电工，母亲是一名教师。他说："这是一个典型的社会中层家庭。"然后丹尼尔说出创办这家公司的核心原因。"凯蒂15岁时，父亲开始出现严重的关节疼痛。情况很糟糕，他已不能再搬运重型设备，不能爬梯子，也不能从事重体力劳动。家庭收入下降了，住院费却上升了。"凯蒂的故事越讲越深入，丹尼尔的举止也出现变化了。他更真诚、更有热情，开始这项业务的原因也逐渐明晰了起来。

丹尼尔在大学遇到凯蒂时，为了避免使用学生贷款，她正在做全职工作，因为她知道债务会对自己的家庭生活造成影响。即使如此，毕业时凯蒂的贷款债务还是超过了4万美元。在接下来的10年里，过得捉襟见肘的凯蒂做着社工工作，帮助人们解决财务问题。在那段时间里，她的债务几乎翻了一番。

好的故事总能让读者看到故事中的人物，而精彩的故事则能让读者在故事中看到自己。丹尼尔说话时，我的思绪闪回我和妻子在芝加哥北河地区的一台自动取款机旁取钱的情景。外面正在下雪，我们想赶紧取完现金就走。当时，我们开始谈论组建家庭的事情，我的心里想到了钱的问题。当我检查账户余额时，发现账户中只有不到3 000美元，而我们当时至少欠了3万美元的学生贷款。"焦虑"二字不足以描述我当时的心情。我深深地共情于凯蒂的故事。

然后丹尼尔开始列举数字。"在美国，有超过5 000万人正过着凯蒂般的生活。"如果他之前的推荐语是昆丁·马西斯的名画《丑陋的公爵夫人》，那么这会儿就是《蒙娜丽莎》。

为提案、营销、广告等创作故事脚本

创业潮总是一波又一波出现。有的时候是更舒适的床垫，有的时候是更智能的牙刷，还有的时候是方便儿童使用的社交网络。几年前还掀起过"旅行箱初创公司"的流行风潮。

一位投资者告诉我，她的公司曾在4个月内收到了多个"旅行箱初创公司"的提案。她们团队对旅行箱市场有些兴趣，因为旅行箱是高利润的商品，也适合在线销售。但问题在于所有幻灯片似乎都在说同样的话:"我们要搅乱一个市值几十亿美元的庞大市场。"

不过,还是有一个项目提案最终脱颖而出。这个提案的亮点是客户而非市场。正如迈克尔·杜宾推荐一美元剃须俱乐部时所做的那样,这个旅行箱的推荐视频从视觉上讲述了一个典型客户的故事,她的早午餐吃了什么(鳄梨吐司),养了什么样的狗(一条很可爱的救援犬),以及她下一个梦想的旅行目的地是哪里(冰岛)。这家初创公司的联合创始人简·卢比奥甚至注册了一个照片墙账号,这些照片下面满是讲述客户故事的评论。

投资者告诉我:"整个想法并非局限于旅行箱,它要宏大得多。"她的公司为 Away(美国时尚旅行箱品牌)开出了第一张机构支票。现在 Away 已经成为市场上热门的旅行箱公司。

虽然 Away 的项目提案足以凭借其不同之处脱颖而出,但它仍遵循了值得背书人群的明确模式。它们对客户的描述不是一闪而过,而是直观引导人们了解客户的体验。我将这种技巧称作"创作故事脚本",这不仅对投资者具有说服力,而且对新员工、合作伙伴以及同事都有相同的作用。迈克尔·杜宾告诉我,在为一美元剃须俱乐部筹集完第一轮资金后,他还在继续为项目创作提案的故事脚本,继续在所有的营销和广告中塑造一个主角,而这些广告的观看量已达到了上千万次。也许这也是民宿预订平台爱彼迎一直将故事脚本作为企业故事的核心部分的原因。大约 8 年前,我参观了爱彼迎位于波特雷罗山的第一个主要办公室,看到墙上用插图描绘的成为爱彼迎房东的每一个主要细节:

- 与当上爱彼迎房东的朋友谈谈,听听他们的经历。

- 决定尝试一下，上传家里的详细信息和照片。
- 收到感兴趣客人的站内信，查看他们的个人资料。
- 进行交易，收到付款。
- 入住日到了，迎接客人，亲自递给他们一把钥匙。
- 客人结束两天的逗留后，您需要返回并检查住所的情况。
- 打开爱彼迎应用程序，对客人做出评价，再看看他们如何评价自己。

爱彼迎故事脚本的灵感来自华特·迪士尼。[6]休假期间，爱彼迎的首席执行官布莱恩·切斯基阅读了华特·迪士尼的传记。他被迪士尼为促成团队达成共识而制作的漫画书式的大纲所吸引，这个大纲在工作室创作第一部长篇电影《白雪公主》时就被使用了。受到这一启发，切斯基从美国计算机动画公司皮克斯动画工作室聘请了一位动画师来为爱彼迎制作第一个故事脚本。[7]

与迪士尼一样，这个故事脚本帮助爱彼迎确定了体验中的关键时刻。对爱彼迎的房东来说，收到付款并迅速决定是否重新上传房产信息的瞬间就是关键时刻；对爱彼迎的客人来说，走进入住房屋的第一分钟就是关键时刻。通过将每一个环节的可视化，爱彼迎以每个人都能理解的方式，确定在何处重塑体验。

这就是故事脚本的作用。它架起背书者和客户之间的"移情桥梁"，就像一段短视频充当了比尔·盖茨的女儿和一个陌生的尼日利亚女孩之间的桥梁。故事脚本帮助我们看到他人看到的东西，感受到他人的感受。这在提案阶段尤为重要，因为多数时候背书者都不是客户。风险投资人有可能没试过自己投资的应用程序，出版商有可能不阅读自己出版的书籍，工作室有可能不看自己冠名的电影，在这种情况下，故事脚本可以让背书者像客户一样思考。

学会这个技巧之后，我就在卧室的墙上贴了一系列便利贴，以展现一个 Rise 典型客户的消费体验。故事开始于我的客户从社区保健医生处得知自己需要减掉大约 7 千克的体重，以降低患糖尿病的风险。我的客户回家后，在网上搜索不同类型的饮食方案，选择了一种改良版的生酮饮食方案。受一些故事的启发，他列了一张购物清单，然后去美国社区连锁超市 Trader Joe's 采购。在执行新饮食方案的前几个星期，他感觉很棒。但是到了第四个星期，忙完一天的工作后，他就又回到了全是碳水化合物的饮食习惯。到了第六个星期，这位客户就彻底放弃了。

后来我带着这个故事脚本走进投资者的房间，并得到了认可。投资者对故事产生了共鸣。故事脚本为背书者搭建起对潜在客户处境的同理心。一旦建立了这种同理心，提案时用数字讲故事的感染力就会更强。

请记住：故事讲得再好也不能取代提案中的事实和数据。感性和理性同样重要。这就是为什么 Away 团队在向背书者成功介绍了想象中的旅行者后，才表达自己的观点——"千禧一代"越来越倾向于将自己的可支配收入主要用于旅行消费；为什么一旦迈克尔·杜宾确立了一美元剃须俱乐部的主角，就可以讲述美国每个月都有上千万男性在店内购买剃须刀的故事；以及为什么拉胡尔·沃拉所创立的美国邮件服务公司 Superhuman 的客户端能够快速扩张，因为他能为投资者直观地呈现单个客户的收件箱会发生什么，然后将投资者的目光聚焦这样一个事实——超过 10 亿职场人士每天要花3个小时读写电子邮件。"我完全能够感同身受，"连续创业者兼美国顶尖风投公司首轮资本公司的合伙人比尔·特伦查德告诉我，"这款产品在情感上打动我的时间远远早于产品可行性证据的出现。"

同样，数据也很重要，尤其是随着想法不断成熟，数据的必要性更加凸显。但在新想法的早期阶段，吸引人们的仍是故事。鲁斯·赫德尔斯顿是文件发送体验沟通平台 DocSend 的首席执行官。该公司的服务能让用户通过电子邮件安全地发送文档。这项服务共享了数以万计的以投资者为对象的演讲稿和条款清单，这让赫德尔斯顿产生了一个想法，能否弄清楚哪种类型的提案文稿能够取得成功，哪种类型的会导致失败？赫德尔斯顿与哈佛商学院合作，在获得许可的情况下，分析了上万份初创公司提案演讲稿，以了解稿件长度、形式和图像使用等因素可能对吸引投资的情况产生的影响。[8]

作为一名分析师，赫德尔斯顿特别关注演讲稿在财务和数据方面的应用。但事实却是大多数成功的演讲稿并不存在数据或财务方面的优势，甚至没提及财务数据。相反，创业者用故事就足以吸引投资者的兴趣，安排一次见面，然后在见面的过程中分享更多的数据。这些发现令赫德尔斯顿和大多数创业人士感到惊讶。他在科技博客上发表的一篇关于自己研究成果的文章成了该网站当年分享次数靠前的帖子之一。[9]

找准真正的主角

一个引人注目的主角不仅有助于提案演讲稿的创作，还有助于推广营销活动、优化投资方案和维护股东关系，甚至可以发挥强有力的招聘宣传作用。

高朋的工作让我和丽娜摆脱了学生贷款的债务困境。我进入职场的那一年，创始人安德鲁·梅森作为封面人物登上《福布斯》杂志。[10]然而，当我采访梅森时，他从未提及公司的爆炸式增长、庞大的市场体量，抑或是营收每个月都翻一番的成绩。

梅森给我讲了距离高朋公司总部只有几个街区的一家面包店老板的故事。"这位老板经营面包店不是因为他喜欢营销，也不是因为他喜欢弄清楚如何获取客户，"梅森告诉我，"他只是因为喜欢烘焙。高朋这家企业之所以存在，就是为了让面包店老板可以专注于自己喜欢的事情，将其他事情交给高朋处理。"

我们没有坐在办公桌前或在会议室里进行采访，而是在芝加哥市中心四处走动。梅森告诉我当地的餐馆、商店和健身房老板都在使用高朋提供的服务。当我们回到办公室时，我注意到墙上并没有张贴任何装饰性的励志海报，反而挂满了芝加哥本地店主、夫妻店的故事，日常提醒每一位员工记住高朋服务的中心角色。

当时我一直在考虑从事其他工作，但那一天我决定搬到芝加哥为梅森工作。不是因为数据或逻辑，而是因为他在采访中向我介绍的那些主角。我知道我想要为这样的人工作。

然而，随着时间的推移，我们越来越难以将注意力集中在我们的主角身上。随着公司从100名员工发展到上万名员工，从初创公司到IPO，我们的重点从服务本地小企业转变为每个季度都要有业绩。我认为，公司失去了以前那份对苦苦挣扎的夫妻店的同理心，反而牺牲它们来榨取利润。结果，我们不仅失去了主角的信任，也丢掉了公司一半的估值。我看到公司士气低落，投资者信心消失，最优秀的员工开始离开，梅森也与自己创立的公司分道扬镳。

主角的力量非常强大，足以搭建或破坏整个企业文化。2017年，时任优步首席执行官特拉维斯·卡兰尼克被爆出一个视频，画面中他正冲着一名穿着得体的男子大喊大叫。[11]被吼的男子是一个优步司机。得知视频被爆出的一刹那，卡兰尼克双膝跪地。也许他对任何人大喊大叫，都不会产生如此大的负面影响，但司机是优步的主角。优步所有员工接受的企业文化教导都是，自己的工作使命是让司机的生活更高效，赚得更多，活得更快乐。然而，挥舞旗帜鼓劲儿的卡兰尼克却在视频里斥责公司的主角，尖叫着说有些人"不为自己的事情负责"，"他们把生活中的一切不顺都归咎于他人"。[12]在接下来几个月的时间里，优步的顶尖人才逃离了公司，优步当时最大的竞争对手来福车从投资者那里获得了大量资金，卡兰尼克被迫辞职。

如果回顾一下我最早为Rise撰写的提案演讲稿，你会发现我总以这句话开头："健康饮食规划是一个价值300亿美元的行业，并且这一数字每年都在增长，颠覆的时机已经成熟。"我与投资者相处的时间越久，就越是觉得自己离企业故事的主角很远，也离最初引领我创办Rise的那个人物很远。

我仍然记得父亲送我上中学的那一天。我们约定好下午三点在接送地点见面。放学后，我在那里等了几个小时，看着密歇根州的天空在初秋时节一反常态地变暗。等阿姨冲进停车场接我的时候，父亲已经躺在手术台上了。原来那天早上他去看了医生，在做完心脏压力测试后他就倒下了。

我的父亲在接受完心脏手术的第八天就出院了，但身体状况很不好。40多岁的父亲有时看起来就像80多岁。我们带着一张"饮食矫正"清单离开了医院，上面有一份按字母顺序排列的饮食建议清单，以西兰花和抱子甘蓝开头。我们家是吃印度菜的家庭，不吃这类东西。就这样，我的父亲开始了循环切换不同饮食方案的经年斗争，却没有一次成功。一直以来，医生都警告我们，如果找不到我父亲能坚持下去的饮食方案，他很快就需要再次接受手术。

善于争取背书的人帮助我将主角引入投资者视线。我开始向投资者讲述我父亲的故事，从他被送进手术室的那一天，到几个月的节食失败，再到我们遇到一位帮助他恢复健康的营养师。在分享完故事脚本后，我展示了一些数据。虽然那些都是古普塔家族的"不安时刻"，但我们绝不是在孤军奋战。每年有几十万患者接受心脏手术，出院后也有类似的饮食矫正计划。但有20%的病患会在手术后65天内重新入院。我进一步抓住投资者的关注点，每年有4500万美国人积极节食，节食者平均会在一年内经历4次失败的尝试。这个产业内有700亿美元在循环，却有上千万人在这一过程中经历了沮丧、抑郁和心脏衰竭。

这个演讲抓住了投资者的注意力——从我父亲的故事开始，然后展示了许多人正在经历这场斗争。获得资金的一年后，我在鸡尾酒会上遇到了我的一位主要投资者。她当时正在与美国高档连锁百货店诺德斯特龙的一名高管交谈。也许是为了给谈话增添一些火花，诺德斯特龙的高管问我的投资者是什么激励她投资Rise的。我的投资者停顿了一下，然后说："我是被他父亲的故事打动的。"

The Surprising Truth Behind What

BACKABLE

Makes People Take a Chance on You

第三章
一个值得争取的秘密

得到想法的过程和想法本身同样重要

几年前,我曾去过一家飞速发展的科技初创公司面试工作。当时这家公司正开始进入计步器领域,要与计步器公司 Fitbit 展开竞争。面试的负责人是该公司的首席执行官。我在网上查阅了相关信息以做好准备。我读文章、看视频,并用文档记下想法。但就在面试前一天,我突然意识到自己为第二天面试准备的内容,对方面试官明显都已经了解了。

我决定尝试准备其他资料。我登录了产品评测网站 UserTesting.com,这个网站聘请真人来测试产品并提供反馈。我填写了表格请人们试用这家初创公司的网站,几个小时后我收到了三个独立的反馈视频。梳理完视频内容,我注意到一个模式化问题,虽然测试人员似乎都对计步器的功能很感兴趣,但他们也似乎都对如何将设备添加到自己的购物车感到困惑,也就是说人们还不清楚如何购买产品。

第二天早上我参加面试时,不仅带着之前所做的标准研究,还带着无法通过谷歌搜索找到的新见解。面试进行到一半时,我向面试官提到了网站导航问题。他起初似乎对这个建议不屑一顾,毕竟有一群人专门在网站领域开展工作。所以我问他能否看一看我手机里的东西。他点了点头,我绕着长长的会议桌尴尬地走来走去。

然后我播放了第一个视频。这位用户的声音中带着困惑:"我不太清楚如何从这里进入结账流程。"在第二个视频中,用户似乎有点儿恼火,她重重地叹了口气道:"难道我只能重新加载网站,让一切重新开始吗?"当我们看到最后一个视频时,面试官不再盯着我的手机屏幕,而是盯着我。

"你从哪里得到这些视频的?"他问。我转向他,解释说是我自己收集的。他沉默了片刻,然后说:"我面试过上千人,但从来没有人做过这种准备。"

现实情况是,"这种准备"往往并不需要太多额外努力。总而言之,我只花了大约 50 美元和一个小时的时间。我收集到的见解不一定是惊天动地的,但这表明我努力寻找了并非显而易见的信息。面试结束几个小时后,我盯着一份慷慨的工作机会以及首席执行官发来的亲切话语,感觉自己可能终于破解了求职面试的密码。我反思了许多过去被自己搞砸的事情,思量着如何通过一个简单的行动在不局限于基础研究的基础上改变局面,得出可以真正称为"自己的见解"的东西。

我并没有接受这份工作,而是创建了自己的公司,但有些问题一直困扰着我。直到几年后,我才听到美国私人风投公司安德森·霍洛维茨基金的联合创始人风险投资人本·霍洛维茨,用比我更清晰的方式阐明了这个概念。在与一群实习生进行的讨论中，有人提出了一个问题："作为一名企业家，你是如何拥有一个想法的？"

霍洛维茨回应说，伟大的想法通常源于"争取到的秘密""走出去了解世界""学习其他人不知道的东西"。他以很多年前投资的爱彼迎公司为例。

霍洛维茨说，爱彼迎的最初构想听起来其实并没有那么好。他开玩笑说："吹起充气床垫，放在公寓里，然后租出去——这能出什么问题？"[1]然而，令霍洛维茨印象深刻的是联合创始人提出这一想法的过程。

爱彼迎的想法并非源于在线研究，而是来自个人的亲身经历。刚从罗德岛设计学院毕业的布莱恩·切斯基和乔·吉比亚搬到旧金山，彼时他们还没找到工作。由于房东提高了租金，他们不得不想办法快速筹钱。就在那时，两人听说旧金山所有酒店都被即将举行的工业设计会议的参会人员一订而空。所以他们就买了一些充气床垫，以80美元/个的价格租给参会人员。这个想法得到了回应，不仅有人付钱睡充气床垫，而且在切斯基做了广告后，更是有将近500人联系了他们。[2]切斯基在向投资者做推介时，并没有做高阶的市场分析，而是分享了一个不起眼的观察。这个观察激发了他的想法，促使其更深入地思考。

得到想法的过程和想法本身具有同样的重要性和价值。我永远都不会忘记詹姆斯·卡梅隆第一次向彼得·切宁推荐电影《泰坦尼克号》的故事。这部电影的制作费用是有史以来最高昂的。切宁告诉我，如果这部电影失败了，他将因此丢掉20世纪福克斯电影公司董事长兼首席执行官的职位。在推荐过程中，最打动切宁的是卡梅隆个人对主题的深入研究。推介会超过一半的时间都不是在讨论电影，而是在讨论泰坦尼克号这条船和它沉没的那一晚。切宁后来告诉我，卡梅隆对泰坦尼克号沉船事件的了解"到了常人难以匹敌的程度"。他能够阐明这艘船的完整示意图，梳理沉船灾难的时间线。有了这些见解，卡梅隆引入了贫富差距的主题。电影中的"罗密欧与朱丽叶"经济差距很大，这意味着他们住在船上的不同舱位，也因此有着极为不同的生存概率。切宁告诉我："这是我听过的最令人难忘的推荐。"

当我准备采访计步器公司的首席执行官时，看着亲自收集到的用户测试，感觉有点像卡梅隆潜入水下亲自检查泰坦尼克号的残骸，还有点像切斯基在自己客厅地板上出租床垫。从那以后，我明白了，这就是成功的秘诀——做具体的事情。

提供一些网上无法搜索到的东西

当素德·文卡特斯出现在芝加哥大学史蒂文·莱维特的办公室开始他的博士研究生涯时，他还只是一个长发及腰的美国迷幻摇滚乐队 Grateful Dead 的粉丝。[3] 他告诉莱维特自己对研究黑帮经济很感兴趣。对于大多数研究生来说，这个过程包括分发调查问卷、组织分组讨论和在电子表格上整理调查结果。没有人会期望像文卡特斯那样做——他在 Black Kings（芝加哥最凶残的帮派）潜伏了将近 7 年。[4]

几年后我和文卡特斯一起在美国西北大学喝咖啡，他分享了自己的一些经历：从参加帮派的领导会议到车窗被炸裂，以及这个研究项目中隐藏着的微观经济学发现。通过深入研究，文卡特斯发现，对于大多数帮派成员来说，在街角贩卖毒品还不如在麦当劳餐厅工作挣得多。

再次见面，文卡特斯已经是学术界的一颗冉冉升起的新星。他在全国巡回演讲，礼堂座无虚席，畅销书《魔鬼经济学》重点展示了他的研究发现。然而，与众不同的不仅仅是他发现了什么，而在于他是如何发现的。文卡特斯如此深入且不顾危险地进入自己的研究课题，挑战了学术机构对收集资料的看法。人们感觉坐在书房里已不再足以从事研究工作了。

多年后，我在比弗利山庄的 Imagine Entertainment（美国好莱坞一家独立影视制作公司）等着与布莱恩·格雷泽会面。他制作了《阿波罗13号》《美丽心灵》《发展受阻》等影视剧。格雷泽的电影和电视节目总共获得了40多项奥斯卡奖和190项艾美奖。在等候区，我周围的人似乎都在准备向格雷泽推荐自己的新想法。

我去那里的原因和这些人不一样，我想弄清楚究竟是什么让一个有信誉的好莱坞制片人愿意支持一个想法。当我被引入一间洒满阳光的会议室时，心里在想，"如果我今天要向格雷泽做推荐，怎样才能吸引他的注意力，让他为之兴奋"。

我向格雷泽提出了这个问题："满屋子的人等着进来向你提案。你给他们的最佳成功建议是什么？"格雷泽顿了顿，说："给我一些谷歌无法搜索到的东西。我想要一个基于惊人洞察力的想法，而不是我通过谷歌搜索就能找到的想法。"

格雷泽感觉我需要举个例子，于是进入了提案模式。"你知道佐治亚州亚特兰大有一所高中是说唱歌手的母校吗？安德烈3000、Big Boi 都出身于这所高中……"我不知道，格雷泽立即抓住了我的注意力。我想知道更多。

布莱恩·格雷泽和本·霍洛维茨虽着眼于不同行业、不同类型的想法，但实际上他们寻找的东西在本质上是相同的。他们在寻找"素德·文卡特斯"，寻找比谷歌搜索研究得更深入的人，这些人能将自己置身于故事，发现大多数人不知道的事情。

同样，如何得出一个想法与想法本身同样重要，且令人难忘。在津巴布韦旅行期间，罗根·格林注意到，由于当地公共交通运力短缺，且很少有人买得起车，所以当地人开发了一个共享乘车平台 Kombis，以方便出行。格林对这个系统非常着迷，决定将类似的东西带回交通越来越拥挤的加利福尼亚州。为了表示对津巴布韦拼车文化的敬意，他将该平台命名为 Zimride，他个人还成为公司的首批司机。当我问投资者安·三浦-高是什么让她对 Zimride 感兴趣时，她告诉我，"格林并没有浅尝辄止，而是深入挖掘了这个想法"。三浦-高对格林亲自在洛杉矶地区运送乘客并在每次行程后收集第一手反馈信息的行为表示欣赏。[5] Zimride 最终更名为"来福"，三浦-高后来成为公司的第一位投资者。

同样，我记得一个电影制作人朋友打电话给我，说自己正忙于即将启动的新纪录片，很是兴奋。纪录片的内容是关于威斯康星州如何在 2016 年的大选中从民主党转向共和党的。我知道他看过这个主题的其他切入角度，就问他这部纪录片的想法有什么突出之处。他说："这些人为了查明到底发生了什么真的从加利福尼亚州搬到威斯康星州。"

因此，当要分享自己的见解时，先问问自己，用谷歌搜索是不是能得到相同的答案？如果是，那就需要再研究得深入一些，去与专家访谈、出差、加入相关的非营利性组织。如果对加密货币感兴趣，不要只阅读报告，而是要开设账户做交易；如果对自动驾驶感兴趣，不要只订阅相关报道，而是要去参观工厂，进行试驾。

要超越谷歌搜索，这就是秘诀。

你的努力要足以打动人心

一旦成功超越了谷歌搜索，你就要在推荐演讲中展示自己所付出的努力。不仅要分享想法，而且要告诉大家你的努力付出，因为正是在这个领域所做的工作才让你走到了这一步。尽管这话听起来很对，却常常容易被人们忽略。

几个月前，我被人介绍给一位汽车企业的高管。他正在准备第二次向公司高层提建议同，但心里已经准备好了再一次被拒绝。他在电话中告诉我："我的幻灯片讲得结结巴巴，但是我并不结巴。"我建议他在让自己感到更自在的人面前练习。"我一直在我妻子面前练习，"他回答道，"只是，表现得更糟了。"

我们决定在底特律郊外一家安静的咖啡店见面。他带我浏览了他的演讲内容，我发现这是那种准备得很全面的提案演讲。他将公司的一条生产汽车零部件的供应链分解开，有条不紊地展示了流程中遇到的瓶颈。这些瓶颈每年会给公司造成了上亿美元的损失。这似乎是一场本垒打，但他却表现得十分犹豫和不确定。于是，我想弄清楚原因。"你提到你在现场收集了数据，"我说，"你是怎么收集到这些数据的？"他紧张地翻到第八张幻灯片，向我展示了一个财务模型，但我让他暂时不看幻灯片，问他："你是如何收集到这些数据的？"他对我的问题感到困惑，回答说："我不确定你问的是什么。我去工厂观察整个流程，然后做了统计。"

"好的，能和我讲讲你参观工厂的情况吗？"我问。原来他几乎每天都去看装配线，并且几乎都是在每个工作日的清晨或下班后。他会和车间的工人一起制订更高效的流程方案。这样持续了几个月后，他认识了每条生产线上的工人，并和其中一个主管很熟，下周末还要参加这位主管儿子的生日聚会。在讲述这一切的时候，他言语流畅，对自己的观察过程侃侃而谈，并且对自己提出的流程可以帮助到的人抱有深深的同理心。

他最初被拒绝的提案列出了所有数据，却唯独跳过了自己的调查工作，这其中有他倾注心血的地方，比如主动在工作以外的时间去做工作。他在工厂度过的所有时间都化作了脚注，可这些本应成为提案稿的副标题。因为他的听众盲目地认为，他只是通过打几个电话，计算一些数字就提出了自己的想法。

我们剩下的会面时间都用来在咖啡馆里重新制作他的提案文稿。我们没有改动任何一张幻灯片，只调整了提案的叙述部分。例如，在显示一个站点的瓶颈数据时，增加了他在工厂亲自观察阻塞点的片段。"过去8年一直工作在生产线上的丽莎，在与他一起检查传送带时指出了这个问题。"

在下一个星期一早晨，这位汽车企业的高管完成了自己的提案演说。那天晚上，他给我转发了公司一位高层领导发给他的电子邮件，邮件的结尾是这么说的："我们同意你的提案。顺便说一下，你的提案演讲非常棒！不知你是否愿意来完成我马上要做的一个提案演讲。"

一个源于实践经验的想法比仅仅源于书桌上的空想更有依据。但关键是不要自吹自擂，而是必须让这种努力在演讲中很好地体现出来，不能让自己的努力被掩埋。

乔纳森·卡普是图书出版公司西蒙与舒斯特的首席执行官。卡普在出版业的发展一路顺遂，从编辑助理做到了主编，与布鲁斯·斯普林斯汀和马里奥·普佐等知名人士合作。但有一个人，他追赶了近12年也未能取得成功，这个人就是霍华德·斯特恩。

卡普告诉我，他是听《霍华德·斯特恩秀》长大的，他认为这位电台主持人的个人发展历程值得一提。然而，已经出版过两本畅销书的斯特恩不认为有必要再多出版一本书。对斯特恩来说写作是一种"折磨"，因为他痴迷于细节，是一个完美主义者，不想重现之前畅销书取得过的成功。[6] 此外，斯特恩有一份全职工作，不愿意花时间和精力再写一本新书。在这12年里，卡普想尽办法改变斯特恩的想法，写信、寄书、与斯特恩的经纪人唐·布赫瓦尔德共进晚餐，但都没有效果。他告诉我："斯特恩成了我的白鲸，为了让他写书我试尽了一切办法。"

10年的拒绝让卡普改变了策略。卡普对这本书的设想已经变成了斯特恩对著名嘉宾的采访记录的摘录。这意味着书稿的大部分内容已经成形。但卡普没有拿这一点去说服斯特恩，而是自己卷起袖子做出来给他看。

卡普与新聘任的编辑肖恩·曼宁共同梳理了斯特恩的数百次采访，从超过100万字的记录中提取最精彩的时刻。对于一家大型出版公司的负责人来说，这样的亲力亲为非比寻常，但卡普并未止步于此。

他将编辑过的文本制作成一本精美的布装书，还包装了漂亮的护封，书中图像的分辨率极高，目录也井井有条。然后，卡普将这本书寄给了斯特恩，并没有再去提议他写书。卡普还给书附上了一张字条："这样写起来会很容易，不需要做任何工作。"斯特恩要做的就是添加一些个人感受，这样一本书就完成了。

对于斯特恩而言，这才是真正需要花精力完成的工作。卡普做的这本书最终说服了斯特恩投入时间和精力接手全书的撰写工作。他后来形容卡普的做法令人陶醉。"出版史上，肯定没有人为了让一个人写一本书而耗费如此心力。"[7]卡普的付出是值得肯定的。这本书发行后，霍华德·斯特恩再次登上了《纽约时报》畅销书排行榜的榜首。

或许你会像曾经的我一样，好奇为什么同样的想法，会因为个人努力的差异而变得如此不同。毕竟，那位汽车企业的高管对公司高层做的提案并没有改变，卡普对这本书的看法也保持不变。但是通过超越一般水平的努力，他们所展现出的奉献精神和动力，能够通过文字和图片的形式讲述更令人兴奋的故事。当人们看到你对一个想法如此执着时，他们也更难拒绝你。请记住，让本·霍洛维茨对爱彼迎感兴趣的关键是布莱恩·切斯基亲自投入到想要解决的问题中；《魔鬼经济学》的作者对素德·文卡特斯感兴趣的关键是后者亲历了自己的研究。他们都像卡普一样，超越了谷歌搜索，将努力融入了自己的故事。

我完全认识到这一点是在某年8月下旬的一个下午。那天我在帕洛阿尔托的一间会议室里向一位投资者介绍 Rise。尽管此前拜访的几位投资者都没给我开绿灯，但走进会议室的我依旧保持乐观，因为这位投资者对医疗保健有着浓厚的兴趣。然而，在提案演说的头几分钟内，他就表现出毫无兴趣的样子。他什么问题也没问，时不时地点头，每当我问他是否有问题时，他都快速回复："我没有问题。"

当他拿起手机，开始边听提案演说边打字时，我知道自己失败了。我只想尽快结束这场演说。当我跳到下一张幻灯片时，他的助手探头进会议室，说了一些类似"下午四点约的人早到了"之类的话。我甚至在想，之前他是不是在给女助手发短信说："快点让我出来。"

女助手离开房间后，他拿起手机和未打开的笔记本，从座位上站起来。"嘿，对不起，"他说，"我正有一笔交易，要出去一下。"当他走向门口时，最后看了一眼屏幕上的幻灯片。幻灯片的标题是"试点计划"，幻灯片上的数据显示了参与我们初步测试的客户的细分情况。或许是因为觉得早走不好，他决定提最后一个问题："您是如何为'试点计划'找到客户的？"

这不是我喜欢被问到的问题，因为我所能给出的答案难以令人印象深刻。但是这位投资者已经明显不会给我"通行证"了。我甚至都不确定他有没有听我的演说，因此脱口而出："我去了慧俪轻体公司会议室的门口。"

他的目光从手机上挪开，看起来有些惊讶。

"什么？"他的反应让我立即后悔了自己的回答。但是话已经说出来了。"我去了慧俪轻体公司会议室的门口。人们来参会时，我会给他们做一个快速演示。就这样我找到了第一批客户。"

"站在慧俪轻体公司会议室的门口让你找到了第一批客户？"他问。我点点头。

当时我真的很后悔，给出了这样一个不起眼的答案。他显然被这种业余给震惊了。我都能想象到，当天晚上他和一群酒友，也可能都是投资者，纵情畅饮之时，把这话当成笑话讲出来。我在那间会议室里，竭力把自己描绘成一个具有前沿创新精神的首席执行官。但是在这个投资者眼里，我就像在街角旋转着半价三明治推销标牌的小丑。

我又失败了，合上笔记本计算机，开始收拾东西。"等一下，"他说，"你还有时间吗？"

他的问题让我很困惑。"当然。"我说。

他坐下来，在这间会议室里第一次把手机放回口袋，而不是放在桌子上。"能从头开始讲讲这个'试点计划'吗？"他问。于是，我再一次开始了介绍。只是这一次，我没有掩饰我们是如何找到试点客户的。我站在慧俪轻体的不同分店门口，在客户推门进去前，向他们推销自己并不成熟的策略的细节。我给投资者讲了有一家慧俪轻体分店是如何把我从门前赶走的事，以及我是怎么一不小心接近了一个并不是慧俪轻体会员的顾客。在此之前这位投资者一直都没有笑过，而这会儿他正哈哈大笑。

说到这里，他的女助理把头探回了会议室。这笑声，还有投资者在和我说话这件事显然把她搞糊涂了。投资者转向她说："我还需要一段时间。"几天后，他提出要投资我们。

The Surprising Truth Behind What

BACKABLE

Makes People Take a Chance on You

第四章
营造不可或缺的感觉

提案演说要能传达一种未来趋势

亚当·劳瑞和他的商业伙伴埃里克·瑞恩欠了 30 万美元的信用卡债务,而他们初创公司的银行账户中只剩下 16 美元了。只有等他们付清账单,供应商才能恢复供货。他们的美方洁肥皂公司急需一个背书者,但整体经济形势严峻,消费品不再流行。他们虽身为创始人,却在现有领域毫无业绩。劳瑞的上一段职场经历是参与美国帆船队奥运选手选拔,不过没能成功。所有这些因素都使得他的提案近乎无法获得资金。

因此,当劳瑞告诉我他在第一次提案推介时并没有用上幻灯片时,我觉得很奇怪。他只是送了一本趋势书给第一位投资者。

书中有来自美国家具家居用品连锁店 Restoration Hardware、美国高品质家居公司威廉姆斯-索诺玛和高端卫浴品牌 Waterworks 的剪报照片。在经济陷入低迷时,这些品牌都不太可能成为赢家。随着泡沫破灭,人们又回到了原点。以前从百货公司购买家居用品的人开始寻找新式的家居专营店来管理自己的生活空间。消费行为的变化趋势非常明显，催生出众多以家庭为重点的新型媒体出版物，包括生活杂志《墙纸》《Dwell 现代家庭》《返璞归真》。

一场典型的提案演说需要传达一个新想法。劳瑞的提案演说传达的是一个不可或缺的想法：人们已经在选择自己起居室和卧室的设计风格了，而这种趋势延伸到浴室和厨房只是时间问题。为了领先一步，劳瑞正在设计一种即使有客人在场，主人也愿意自豪地将它留在厨房操作台上的清洁产品。劳瑞的定制肥皂是明亮的糖果色，闻起来有一种黄瓜、橘子和柚子的味道。这些肥皂被包装在由顶尖工业设计师凯瑞姆·瑞席设计的酷炫的透明瓶子里。

劳瑞给投资者的信息很简单：市场已经在朝着这个方向发展了，加入我，我们将一起乘风破浪。这个方式很管用，它让劳瑞从信誉良好的投资者那里筹集到资金，后者相信美方洁牌肥皂的存在不可或缺。

先从宏观趋势和变化谈起

蒂娜·夏基在过去二十几年中一直致力于创造和推销值得背书的想法。夏基在自己职业生涯的早期就创立了消费品牌互动村，成功引起了芝麻街工作室高管的注意。后来她负责成立了芝麻街工作室的数字部门。她还在美国在线工作，领导了旗下的宝宝中心业务。当我问夏基是如何在职业生涯中成功地拥有众多头衔时，她指出，自己最重要的是"文化人类学者"的头衔。

夏基说这个角色从一个问题出发："世界发生什么样的变化才

会让你的想法变得重要？"在描述自己的解决方案之前，她先尝试像"人类学者"一样思考，来弄清楚世界是如何变化的，然后再将自己的想法融入这个大的变化。

乍看之下，这个方法有些落后。如果目标只是提出一个具体的想法，那么为什么要在如此宏观的角度上浪费背书者的时间？然而，当我采访了来自各行各业大大小小公司的值得背书的人后，我意识到他们每个人都扮演了"纸上谈兵"的"人类学者"的角色，并首先向投资者展示了世界的发展走向。夏基将宝宝中心在没有广告预算的情况下，从一项网络服务升级为一款强大的移动产品，展示出妈妈们是如何做出转变的。为了推销美方洁牌肥皂，劳瑞展示了人们是如何开始为家的各个区域，甚至是那些看不见的角落改变设计风格的。为了推销爱彼迎，创始人展示了如何把"与陌生人分享自己的家"这个令人毛骨悚然的想法转变为能被广泛接受。爱彼迎最初的第四张宣传片的内容如下：

- 沙发客网站上的 63 万条信息。
- 美国分类广告网站 Craigslist[1] 的旧金山和纽约地区有 1.7 万条临时住房信息。

值得背书的人似乎总是扮演着"人类学者"的角色，不断寻找着趋势和变化。詹妮弗·海曼在看了她的姐姐所展示的一件新衣服后，就得出了自己的"人类学"发现。这件衣服的标价为 2 000 美元，海曼知道姐姐负担不起这样一笔费用，这会让她背上信用卡债务，于是她问姐姐为什么不穿另一条裙子去参加朋友的婚礼。[2] 显然，这意味着海曼姐姐的衣橱里还有一条其他人没有见过的裙子，对吗？但情况并非如此。海曼的姐姐是社交媒体达人，这样做就意味着参加婚礼的脸书好友都会知道她把同一件衣服穿了两次。为了避免这种情况发生，她更倾向于最大限度地使用自己的信用卡额度。

就在那时，海曼意识到事情正在发生转变，社交媒体给人的压力越来越大，人们置办新衣服的预算不断膨胀，已经到了不合理的程度。凭借"人类学"方面的洞察力，海曼找到了创造性的解决方案。她提出了一项服务，可以让女性租用在重要场合穿着的裙子。这项服务就好比高端服装界的网飞[3]，她称其为 Rent the Runway（服装租赁网站）。海曼是从社会趋势的转变开始向受众和背书者展示自己的创作成果，而不是直接展示解决方案的。

如果海曼直接阐释解决方案，即这是一项将衣服出租给无法直接拥有它们的人的服务，投资者可能想知道为什么要这样做呢？毕竟，名牌连衣裙一直都很贵。相反，海曼向投资者展示了她姐姐面临的困境。过去每周都会在社交媒体上发帖的时尚达人，现在几乎每天都会发帖。他们不想穿同样的衣服重复出现在社交媒体的订阅消息中。考虑到这种转变，服装租赁业务似乎不仅是一个好主意，而且是一门市场上不可或缺的生意。投资者在这项业务上投入了上千万美元。如今 Rent the Runway 的业务范围已扩展到日常服装、配饰甚至家居用品的租赁，覆盖了照片墙订阅消息可能出现的任何物品。

当我开始做 Rise 提案时，曾跳过了介绍社会的变化情况，而是直接演示解决方案。我打算立即展示想要开发的应用程序、想要组建的团队类型和通往成功的路线图。但因为我漏掉了一个重要步骤，所以投资者不明白为什么世界需要这项服务。

我不是第一次犯这种错误。2007年，也就是苹果手机推出的那一年，我在索尼电视公司工作。尽管苹果手机尚未成熟，但我认为公司应该开始投入大量资源，创作适合在移动屏幕上观看的内容。当我向高级团队做提案演说时，却没有介绍正在发生的重大变化，而是直接跳到了解决方案。我的提案幻灯片内容包括短小精悍的故事情节示例、适合苹果手机的外观设计和整个项目的财务测算。然而，我从来没有说过苹果手机必将改变一切，也没说过行业必将转向移动内容。结果就是高管们错过了时代大背景，而我的提案则看起来像是一个可笑的项目。当我进行财务测算时，一位高管喊道："这笔交易的利润甚至不能给今天的午餐买单！"假如我先展示宏观趋势，他很可能会有不同的看法。唱片公司之前就忽视了苹果的音乐播放器，而我们不想再在苹果手机上犯同样的错误。但是由于我没能将未来趋势和现实情况联系起来，所以我的提案让人感觉毫无存在的必要。

尽管我在当时忘了应该像"人类学者"一样思考，但亚当·劳瑞却从未忘记。出售完美方洁牌肥皂，他又发现了另一种转变生活方式的内容。越来越多的人开始"弹性饮食"，或者是如作家迈克尔·波伦所定义的"少量多餐，以植物为主"。劳瑞经历了从起居室造型到厨房、洗漱间、橱柜造型的转变，他也遵从了从植物食品到植物奶的发展路径。

当劳瑞向背书者介绍自己的新想法时，也采用了与美方洁牌肥皂相同的提案剧本，即从宏观趋势的转变开始。他解释说，过去只有乳糖不耐受的顾客才会购买乳制品的替代品，但现在超过85%

的非乳制品顾客都没有乳糖不耐受的情况。[4]"顾客购买乳制品的替代品是因为他们想要进行选择，而不是因为没得选或者也可以说他们不愿意牺牲口味和营养。"他说。

就像介绍美方洁牌肥皂一样，劳瑞向投资者解释了宏观趋势，然后向他们介绍了Ripple——一种新的植物奶产品，其蛋白质含量与普通牛奶相同。Ripple陆续筹集了近1亿美元的资金，现在美国各地的有机食品连锁超市如Whole Foods和塔吉特商店都有销售。

消除投资者对"下错注"的恐惧

丹尼尔·卡尼曼因其理论帮助世人了解决策的过程而获得了诺贝尔经济学奖。卡尼曼理论的一个关键基础是科学家所说的"损失厌恶"。简言之，从心理上讲，失去的痛苦是获得快乐的两倍。卡尼曼指出，大多数人会"拒绝加入有损失20美元风险的赌局，但如果赢得赌局能获得超过40美元，那他们就愿意参加"[5]。

损失厌恶可以帮助我们理解同事、朋友和自己；理解为什么没有车祸历史的司机要为安飞士租车支付额外的碰撞保险费；理解为什么有人宁可持有具有下跌趋势的股票，也不要让账面损失变为实际损失。

这也能解释为什么背书者不愿意投资任何不安全的想法。即使是寻求风险投资的投资人也会拒绝听到的绝大多数新想法。照片墙、脸书和亚马逊就曾被多个投资者拒绝。一位广受尊敬的风险投资人曾经告诉我："如果我对听到的所有想法都说不，那么我有99%的决定都是对的。"

下错注令人恐惧,这种感受很强烈,其程度达到从下对注中获得快乐的两倍,那么我们就无法用获胜的乐趣来抵消对失败的恐惧,而只能用对失败的恐惧来消除对失败的恐惧。

让背书者进入FOMO(害怕错过的状态)十分重要。对于背书者来说,唯一可与失去相提并论的就是错过。没有想错过《星球大战》的好莱坞工作室,也没有大学想拒绝爱因斯坦这样的人,更没有想放弃以5 000万美元收购网飞的百仕达高管[6](现在百仕达已经倒闭了,而网飞的估值则超过2 000亿美元)。

FOMO无处不在。一旦创始人有了第一位投资者,其他投资者就会想要加入;一旦员工获得了一个好的工作机会,就更有可能成功加薪;一旦房地产经纪人收到第一位买房者的报价,就更有可能吸引到更多的报价。

FOMO的影响很大,能激发整个行业。尽管自动驾驶已问世50多年,但正是因为FOMO在发挥作用,它才成为每家大型车企的战略重点。1962年,通用汽车展示了Firebird Ⅲ车型[7],极具特色的"电子导航系统可以在驾驶员放松的情况下快速驶过自动高速公路"[8]。福特汽车公司在当时就制订了自动驾驶计划。

几十年后谷歌和苹果等硅谷公司进入自动驾驶市场,福特和通用汽车就将自动驾驶从研发项目升级为战略要务。通用汽车率先出击,以超过10亿美元的价格收购了一家名为Cruise Automation的自动驾驶初创公司。[9]随着FOMO愈演愈烈,其他车企也纷纷效仿。福特宣布向刚成立4个月的初创公司Argo AI投资10亿美元[10],菲亚特、克莱斯勒与谷歌的自动驾驶部门Waymo合作[11],梅赛德斯与优步合作生产自动驾驶汽车[12]。福特和通用汽车都在拜访硅谷的大公司，确保顶尖技术人才不被对方独占。短短几个月，FOMO将自动驾驶的发展空间从0扩展到了60。

提案者的任务不是用FOMO来操纵背书者，而是消除他们对下错注的恐惧。这听起来很奇怪，但FOMO可以使冒险的赌注听起来更安全，因为它能使我们避免被落下的风险。这种不可或缺的感觉很少来自"我们应该改变世界"的论点，而是来自"世界已经在改变"的论点——无论我们是否参与。

我在索尼电视公司做的关于移动内容的提案被否决后，萨姆·施瓦茨在康卡斯特内部做了一场大师级的提案推介。施瓦茨是公司业务发展部的负责人。他告诉我，他当时想要说服公司其他高管推出移动服务，为客户提供不受位置限制的服务。

施瓦茨的提案与我的不同，他并没有说必须提供移动服务，而是证明了移动服务已经出现。施瓦茨指出，欧洲在移动业务的发展趋势上始终领先美国5年，并且已经将有线业务与无线业务捆绑在一起。他还透露，有迹象表明美国电话电报公司和威瑞森通信公司也在美国展开了同样的行动。如果康卡斯特不赶紧行动就会被落下。管理层都认同了这一转变，施瓦茨就自然过渡到了对解决方案——Xfinity Mobile手机服务的展示。

表明改变不可避免是反直觉的，这意味着你的愿景并非独一无二，只是稍稍领先全局。亚当·劳瑞证明无论是否使用美方洁牌肥皂，清洁产品都将成为不可或缺的家居饰品。萨姆·施瓦茨表明，无论有没有康卡斯特，有线业务和无线业务的整合都将发生。正如詹妮弗·海曼所展示的，无论有没有Rent the Runway，品牌方都将从销售转向租赁。把时间轴拉到今天，他们是对的。10年内，服装租赁的产业价值预计能达到400亿美元。行业内部有几十家竞争者，其中包括美国平价时尚连锁品牌Urban Outfitters和时尚服饰品牌香蕉共和国等传统零售商。[13]

左霆受到Salesforce（美国客户关系管理软件服务公司）创始人马克·贝尼奥夫所倡导的"转变即将发生"文化的启发，在公司内部小试牛刀。作为公司第一任首席市场官，他对企业如何改变购买软件的方式有着自己的"人类学"看法。他跟踪趋势，识别到两个重大转变。一方面，那些历史悠久且具有标志性的大公司正在彻底消失；另一方面，Zipcar（美国分时租赁互联网汽车共享平台）和网飞等新品牌正在通过"订阅"这一商业模式蓬勃发展。

研究得越深入，左霆就越相信，订阅不仅是初创公司的工具，也是求生存的大公司所面临的必然趋势。他为这一趋势创造了一个术语——"订阅经济"。左霆还创建了一家名为"祖睿"的新公司，帮助企业把握和利用订阅这一趋势。如今，祖睿是一家上市公司，客户包括Zoom（高清云视频软件服务公司）、《卫报》等知名公司。[14]然而，左霆向潜在客户传达的信息始终如一：无论你是否参与其中，这种转变都会发生。你是想跟上还是被甩在后面？

只展现想法不够，还要展现想法正在发展

FOMO和趋势是天生的兄弟。只展现想法是远远不够的，还要展现想法正在发展。趋势让FOMO来得更真实。没有趋势和不可或缺的例证就很难说服他人。

2017年，国际连锁企业沃尔玛以超过3亿美元的价格收购了互联网男装品牌 Bonobos。但安迪·邓恩于 2007 年首次做提案推介该公司时，却很难找到投资者。那时候，只有 7% 的服装是通过网上销售的，市场份额太低，没有显示出巨大的商机。也许更大的阻碍是 Bonobos 当时销售的是"更合身的裤子"，由于商品都是在线销售，所以消费者无法在购买前试穿。甚至有人怀疑消费者会赌一条裤子是否真的合身而购买。

邓恩没有反对这种观念，而是阐述了趋势是如何变化的。他举了在线鞋业公司 Zappos 的例子。"投资者最初并不认为人们会在网上买鞋。"邓恩面对质疑时回应道。他们认为，消费者会要求先试穿一下。然而，Zappos 已成为一家快速增长的企业，亚马逊后来以近 10 亿美元的价格收购了它。[15] 邓恩戴上了"人类学者"的头衔，向人们表明，如果鞋子可以在网上销售，那么裤子也可以。

不可或缺的感觉让投资者认可了"Zappos 与拉夫劳伦的结合"这一概念，Bonobos 所蕴含的趋势让投资者相信其也可以成为这样一种概念品牌。当邓恩和他的联合创始人布赖恩·斯帕利开始筹集资金时，他们的裤子已经在汽车后备厢里和朋友公寓举办的"裤子派对"上被卖光了。虽然全部收入还不到 10 万美元，不足以让硅谷的投资者感到震惊，但却表明了他们的想法不是只存在于幻灯片上。邓恩告诉我，如果没有这种早期的趋势，就"没有人会感兴趣"。

FOMO 和不可或缺的迹象并不需要多大的趋势。Bonobos 卖光了在 Trader Joe's 中销售的裤子，美方洁牌肥皂只在少数几家商店销售，Rent the Runway 只在纽约、纽黑文和波士顿这几个地方测试了自己的理念。[16] 但这些行动足以表明，创始人提出的不仅仅是想法，他们在用实际行动迎接席卷而来的浪潮。

要有愿景，但不能太多

共享办公空间 WeWork 植根于两个巨大且不可避免的转变。一是自由经济规模呈爆炸式增长。2019 年，美国有 5 700 万人参与了零工经济。[17] 2008 年全球金融危机之后，社会经济开始向以自由职业者为主导的转变，促使许多新的自由职业者去寻找备用办公桌。二是大公司正在把劳动力迅速分解出去。"居家工作"变得越来越普遍。甚至在新冠肺炎疫情之前，一些公司就开始设立卫星站点以获取新的人才。

这两种趋势都影响了 WeWork 的故事。当该公司成为美国最有价值的初创公司之一时，其市值为 470 亿美元[18]，自由职业者和"千禧一代"占美国劳动力的 1/3 以上[19]。当时，社会发展方向和 WeWork 的发展方式已经非常清晰。

然而，突然之间 WeWork 的故事开始变得模糊起来。这家初创公司的创始人亚当·诺依曼宣布，他们将业务从联合办公空间扩展到学校、银行，最终要提供前往火星的班车服务。背书者对该公司新的业务方向、重点业务和资源使用感到震惊。公司愿景似乎不再基于社会发展的走向，而是基于诺依曼的想法。在讨论诺依曼时，一位投资者告诉我，创始人有一个愿景和有许多个愿景是有区别的。

虽然诺依曼的核心圈子成员似乎很赞赏他的新愿景，但当公司申请上市时，华尔街的感受却大为不同。且不论其他问题，分析人士认为诺依曼的计划并非植根于现实。结果，公司的 IPO 被取消，公司市值暴跌几十亿美元，数千人被解雇。诺依曼被迫辞职，新的管理者上任，使 The We Company（更名后的 WeWork）重回基本业务。[20]

我在写这本书的时候，与诺依曼相熟的人告诉我，他的思考方式与众不同，眼界开阔，他只是"在做苹果公司创始人史蒂夫·乔布斯会做的事情"。人们很容易忘记苹果手机是时代不可或缺的产品，它深深植根于现实需求。2007 年，当 IBM（国际商业机器公司）推出一款带触摸屏的智能手机时，已经有超过 3 000 万人购买了掌上计算机。[21] 诺基亚也推出了一款触摸屏手机样品，可以定位餐厅、玩赛车游戏和订购口红。

1994 年，《连线》杂志报道了通用魔术公司的产品设计几乎与最初的苹果手机相同。当这家初创公司资金耗尽时，该公司的两位高级领导人——托尼·法德尔和安迪·鲁宾分别去了苹果和谷歌，领导了苹果手机和安卓系统的开发工作。如今，大多数智能手机都归功于这两位产品领导者，而非史蒂夫·乔布斯。[22]

不过，乔布斯确实推动了这一趋势的加速。他曾在苹果手机的发布演讲中不断指出，全球手机行业已经朝着苹果手机的方向发展，而现在……确实如此。乔布斯总结说："我喜欢加拿大职业冰球运动员韦恩·格雷茨基的一句老话，'我会滑到冰球所在的地方'。"

那时我努力想让 Rise 有起色，于是一遍又一遍地观看乔布斯的演讲。像蒂娜·夏基这样有背书的人教会了我将自己的想法与人们的心灵和思想中不可避免的转变联系起来，但正是因为在优兔视频网站上观看了乔布斯的演讲,才激励我开始关注医疗保健领域的发展方向。

我看到的是医疗从业者交流方式不可避免的变化:医生与患者之间发送电子邮件,护士使用视频进行通信,骨科医生在手机上查看医学图像。患者与医生沟通的方式正在从低频、面对面的访问转变为高频、远程的签到。

虽然这些活动中的大多数都是通过视频方式进行的,但我得出的结论是,从业者和患者不可避免地会通过短信和照片进行交流。我开始引导投资者经历这种自然演变,理由是人们,尤其是老年人使用短信的频率在提高。只有在确定了这种趋势之后,我才开始向投资者介绍自己的想法:有一项服务,您只要给食物拍照,就能立即从个人营养师那里获得以文本为主的反馈信息。

The Surprising Truth Behind What
BACKABLE
Makes People Take a Chance on You

第五章
让局外人快速转化为局内人

让他人感觉自己也是创意的共同拥有者

有人告诉我们,创造力是一个两步公式:好的主意加上好的执行力。但中间有一个"秘密步骤"——将局外人转化为局内人。这样,当想法进入执行阶段时,就会达成共识。几乎每一个伟大的行动、组织和大型运动都要经历这个"秘密步骤"。

20世纪40年代,蛋糕预拌粉出现在全美各地的杂货店,并辅以大量营销和宣传活动。加水,再将面糊倒入平底锅烘烤,就能得到一道美味的甜点。全程只花费不到以前一半的时间和精力。然而,产品没有销量的结果让营销人员很意外。

心理学家、美国市场心理学先驱欧内斯特·迪希特找出了原因。他对全国各地的家庭主妇进行调查后,得出了一个令人震惊的结论:速溶蛋糕粉让烹饪变得太容易了。这几乎将消费者从创作过程中排除了出去。因此,生产商做了新尝试,将蛋糕粉里的鸡蛋去除,让使用者自己打碎鸡蛋,将其搅拌进蛋糕粉,随后销量就暴增了起来。[1]

在接下来的几十年里，研究人员一次又一次地看到这种情况发生。哈佛商学院的迈克尔·诺顿及其两位同事最终将这种现象命名为"宜家效应"[2]，并提出人们认为自己投入精力制造出来的产品的价值是直接购买产品的5倍。"接触物品所花费的时间"让人们拥有了"主人翁感和价值感"。[3]

背书者能从他人的想法中获得主人翁感吗？起初，我由于没有想到这种联系，所以会尽己所能地做提案，把主次细节都弄清楚，证明这是一个周密的计划。我认为只有当自己的想法没有瑕疵时，才能得到背书。

然而，当我继续向背书者提出想法时，突然意识到了一些事情，即计划越明确，我的个人热情度就越低。在至少有一个开放型问题时，提案效果往往是最好的。在这类提案会议召开时，通常背书者一开始会站在对立的立场上，结束时则会挤在我的笔记本计算机或手机旁一起解决问题。通过这些经历，我偶然发现了一条隐秘的经验：人们在拥有一定的主人翁感后，会愿意为想法付出最大的努力。

为什么这一点很重要？因为即使背书者喜欢你的想法，他们也需要说服他人。如果风险投资人喜欢你的初创公司，他们就需要向其他合作伙伴推荐你的公司；如果一家公司的首席执行官喜欢你的新产品创意，他们可能需要与董事会成员一起讨论这个创意；如果编辑喜欢你的图书构思，他们可能需要说服编委会向你发出写作要约。

这就是为什么我们不仅需要为提案寻找背书者，还需要为它寻找一位拥护者。这是一个和你拥有同样热情，能代表你表达想法的人。萨尔曼·鲁西迪曾写道："生活中大部分重要的事情都是在我们缺席的情况下发生的。"⁴ 虽然做提案时在场，但我们很可能缺席了走廊聚会、幕后会议和一封封电子邮件，这些都主宰了我们想法的命运。背书者只有在深入了解了某个想法后，才会成为积极的拥护者，他们会打碎自己的"鸡蛋"添加到"蛋糕粉"里。

纪录片制片人戴维斯·古根海姆在制作完《不愿面对的真相》之后，将注意力从气候变化转移到个人爱好——电吉他。他希望制作一部介绍有史以来最伟大吉他手的电影。排在其愿望清单首位的可能是有史以来最伟大的吉他手——齐柏林飞艇乐队的吉米·佩奇。

在古根海姆让团队考虑这个想法时，大家一致认为不可能。"把吉米·佩奇搬上荧幕本来就是一个梦，"古根海姆告诉我，"我们中没一个人相信这会成功。他太低调了。"事实上，佩奇在自己 50 多年的职业生涯中，只接受过几次采访，没有一次能达到做长篇纪录片所需的采访深度。

古根海姆继续推进想法，最终找到了佩奇的业务经理。业务经理证实了所有人的想法。古根海姆要求当面向佩奇介绍这个想法，业务经理说："我给你一个小时。"他没想到古根海姆会乘坐 10 个小时的航班，从洛杉矶到伦敦进行这一简短的会面。但古根海姆却预订了他能找到的最早的飞往伦敦希思罗机场的航班。

古根海姆和佩奇在伦敦一家酒店的大堂会面，其间还喝了英国茶。从两人坐下的那一刻起，古根海姆就面临着说服这位摇滚偶像尝试做一件从未做过的事情的压力。也许佩奇一直以为古根海姆会强行游说自己，但他并没有这么做。

"吉米，我也不知道这部电影会是什么样子的。但让我们一起来讲这个故事吧。从随意的谈话开始如何？没有摄像机，只有一支麦克风，也不用脚本，只是谈谈电影可以从哪里开始。你可以随时退出。"古根海姆将那一刻描述为重要的转折点。"我明白了，"佩奇回答，"这是一部有机电影。"

古根海姆和佩奇在当地一家小旅馆租了一个房间，聊了三天。正如古根海姆承诺的，没有拍摄安排，也没有摄制组，只有两个人坦率地分享各自的思考和逸事。这部名为《吉他英雄》的影片最终获得了大奖提名，还被盛赞为"一部鼓舞人心、令人陶醉的90分钟奇观"[5]。

古根海姆的故事说明，一个重要环节可以决定职业生涯的成败，即要将背书者带入创意过程，让他们感觉自己是创意的共同拥有者。即使感觉不舒服，也不要害怕让他人插手你的项目。让他们成为局内人，他们会觉得自己成为你获得成功的重要一分子。曾制作过《星球大战：原力觉醒》等大电影的汤米·哈珀是这么对我说的："如果他们觉得这是他们的主意，那么这就是双赢。"

谈一谈可能性，而不是必然性

乔尔·斯坦因是一名作家，曾经为《时代》杂志撰稿。他常年住在纽约和洛杉矶，最终涉足娱乐圈，做起了电视综艺节目提案。斯坦因告诉我，他曾向哥伦比亚广播公司做过一个提案，那是一部关于35岁独立摇滚明星兼吸毒者的情景喜剧。在正式提案演讲之前，斯坦因与高管们闲聊了影片的想法从何而来。"在一个成年人都看迪士尼电影，吃纸杯蛋糕的世界里，"斯坦因漫不经心地说，"康复的瘾君子是唯一试图长大的人。"这引发了一场对人们变为真正成年人的准备不足的热烈讨论，而这也让斯坦因的提案完美通过了。

在会议结束后不久，甚至斯坦因还没走到车前，就接到了一通关于通知他哥伦比亚广播公司想买下这个节目的电话。但是有一个问题。"他们并不想买我的提案，"斯坦因告诉我，"他们想买下我在提案前所说的一切。"事实证明，哥伦比亚广播公司对35岁的摇滚明星这一剧情毫无兴趣，但对"努力长大"这个角度很感兴趣。他们想用相同的主题，但在不同的方向上与斯坦因进行合作。因此，他们以比斯坦因在《时代》杂志的午薪还多的资金买下了这部剧的想法，却没有购买他创作的情节。

如果斯坦因直接进入正式的提案演讲，结果可能会不同。提案前的讨论让高管参与了创作过程。这纯属偶然，斯坦因学会了一条获得背书的基本规则：说一说可以怎样，但不讲必须怎样。

与斯坦因一样，我也是在无意中学到了这堂课。以前的我认为，一个值得背书的想法是一个万无一失的计划，要弄清楚所有的细节。后来我意识到，虽然仔细考虑所有细节非常重要，但你不需要提前拿出来分享，而是要从更高的层面分享这可能是一个怎样的想法，停顿一下，让背书者参与讨论。

初创公司的提案幻灯片通常有一个"备用"部分，这部分用在提案后，在讨论期间作为参考。我第一次做 Rise 提案时，备用部分只占了整个幻灯片的10%。后来在其他善于获得背书者的修改之下，备用部分的内容达到幻灯片总量的50%。我不预先分享所有细节，而是分享更高层面的想法和愿景，然后再展开讨论。因此，每一次提案都开始变得不像是一次演示，而更像是一次合作。

这也是为什么史蒂夫·乔布斯聘请营销顾问里吉斯·麦肯纳为苹果公司设计原始品牌标志。乔布斯喜欢麦肯纳为英特尔设计的广告，希望他也能设计苹果公司的标志。问题在于苹果当时只是一个不知名的品牌，而麦肯纳已经拥有很多成熟的大企业客户。[6]

然而，与乔布斯见面不到 5 分钟，麦肯纳就决定与苹果公司合作。为什么？因为乔布斯没有用一套详细的说明让麦肯纳感到厌烦，而是告诉他苹果品牌到底是什么。乔布斯热情地谈论了这个品牌的可能性。正是这段"可能性谈话"邀请到了麦肯纳参与其中。麦肯纳不再以贡献者的身份，而是以合作者和局内人的姿态参与进来。[7]因此，他不仅设计了苹果品牌的标志，还帮助公司制订了第一个商业计划。[8]

在撰写本书时，我被引荐认识了乔纳森·多顿。他并非典型的好莱坞编剧，最早是在 HBO 鼎级剧场出品的《硅谷》创作团队担任技术顾问，以确保节目剧集更有可信度。这些观众是爱看科技资讯节目的科技极客。任意一集的某一个细节与现实不符都会招致网民在社交新闻网站 Reddit 上释放怒火。多顿的技能很全面，他既懂技术设计又有电影从业经验。团队让他对每一个情节点进行事实核查和压力测试，以确保在技术上现实可行。

在第一季的大结局中，编剧希望主角理查德·亨德里克斯提出一个编程上的突破。这个突破要能够使他的初创公司的压缩算法脱颖而出。对于一家初创公司来说，这是一项艰巨的任务。

多顿要做研究，就要把一些概念引入编剧的工作中。这感觉很像一场值得背书的摔跤狂热赛事。想法来自各个方面，但大部分都被弃用。整部剧节奏很快，机智犀利，也获得了好评。这部剧引起了观众的注意，更激发了他们的热情。

多顿开始研究压缩引擎技术，发现了令自己惊讶的事情。当今所使用的很多消费技术背后的驱动算法已经有几十年没做过大调整了。这个有趣的发现很有洞察力。多顿本可以尝试策划和引导编剧走向这个特定情节。然而他只是简单地分享了自己的发现。"我不想这件事具有规定性，而只想开启一段对话。"后来多顿告诉我，在编剧们一起开会期间，他在房间里介绍了两种现有的压缩方式——自上而下和自下而上，然后补充说："自20世纪70年代以来，压缩方式并没有取得任何实质的进步。"这就足以激发两位首席编剧迈克·乔吉和亚力克·博格的创造力。在思考了多顿的演讲内容后，他们对他说："你提到了自上而下和自下而上，那么有从发散型算法开始的吗？"

在接下来的几个星期里，多顿和编剧们一起发明并验证了一种全新的压缩引擎。发散型算法成为这部剧的高光情节，在赢得了5项艾美奖提名的同时，也赢得了以技术人员为核心的观众群体的信任，甚至激发了观众创办基于新压缩引擎方式的创业公司。[9]

多顿在完成第一季剧集的工作中发挥了关键作用，但他本人从未试图强迫大家接受自己的想法。如果他带着具体的解决方案冲进编剧办公室，编剧们可能永远不会想到发散型算法。他选择从更高的层面分享了这个想法的可能性，而非必然性。

请直接讲出"我们的故事"

伟大的政治演讲大多是关于这三类故事："我的故事"，"你的故事"，最重要的是"我们的故事"，即当我们联手合作时会发生什么。约翰·肯尼迪的就职演说巧妙地做到了这一点。他提出了一个大胆的议程，然后向所有人发起挑战："我们可以一起为人类自由做些什么。"[10]

我发现大多数创始人经常讲述"我的故事"，偶尔会讲"你的故事"，几乎从来不讲"我们的故事"。他们往往会因此而错失机会，没能告诉背书者为什么这个想法特别适合他们，而不是别人。当我们忽视了故事的这一部分，就错失了将局外人转化为局内人的机会。

约翰·帕夫雷是艾伦·麦克阿瑟基金会的负责人。该基金会每年向大约20人发放62.5万美元的赠款。这些人都"在创造性追求中表现出非凡的独创性和奉献精神"。过去40年，这项被称为"天才奖"的奖项颁发给过尼日利亚女作家奇玛曼达·恩戈齐·阿迪奇埃、英国计算机科学家蒂姆·伯纳斯·李、音乐剧《汉密尔顿》的创作者林－曼努尔·米兰达。

因此，当帕夫雷告诉我，如果申请人对于成功已经胸有成竹，那就可能被当作竞争力较弱的资助候选人时，我大为惊讶。他说，通过"要是没有"（but for）检验法测试的候选人是最具竞争力的。帕夫雷："我们希望支持这样的人，'要是没有'我们的支持，他们将无法充分发挥自己的潜力。"

其他选拔类项目也在使用相同的筛选机制。斯坦福大学商学院每年会收到数以千计的入学申请，但他们只接受几百名学生。[11]当我与招生官交谈时，他告诉我，大多数申请者只提交了一份成就清单。但是最好的申请书展现了个人差距和项目所能带来的优势之间的交集。换句话说,招生官有一个明确的答案:斯坦福大学的独特优势如何在你需要成长的地方发挥作用?有趣的是,阿斯彭研究所的亨利·克劳恩奖学金计划也使用了相同的分析方式,该计划曾向参议员科里·布克和网飞首席执行官里德·哈斯廷斯等人颁发过奖学金。而该奖学金的发放标准之一是候选人正处于职业生涯的拐点。他们必须"没有完全成功"。[12]

赢得了背书的人教会我,要分三步走说服背书者相信,他们是实现你计划的重要部分。

首先,明确自己的想法与背书者的优势之间的差距。这个差距可能是找出正确的营销策略,也可能是雇用合适的人。几个月前,一位皮肤科医生向我寻求筹资建议,他想将自己名下的一家诊所变成连锁店。这两种模式最大的差距不是在医疗方面,而是在零售方式上。此前,他一直尝试接触其他医生找投资,但收效甚微。我转变了他的筹资战略,让他开始接近有零售业背景的投资者。这时他就可以说出一个关于自己的医学专业知识加上投资者丰富的零售经验的"我们的故事"。这是一个令投资者愿意投资的成功组合。

其次,与背书者见面之前尽可能多学一点儿相关知识。尽管你要突出差距,但仍然需要通过正确的问题和讨论来吸引背书者,而这是需要准备的。我已经明白,真正发起讨论比准备幻灯片展示所需做的准备更多。如果皮肤科医生找到有零售背景的投资者,却说出"我不懂零售"这类话,就会让对方非常倒胃口。相反,这位皮肤科医生利用几个星期学习自己能找到的零售战略方面的知识,打电话咨询有零售业背景的朋友,参加在线零售方面的讲座,与社区商店的店主交流,在见面前想出一个周全的战略,并且没有直接指明两者之间存在的差距,而只是展示自己已经完成的工作,试图把身为零售专家的投资者拉入讨论中。

最后,在与背书者见面时,一定要直接讲出"我们的故事"。要阐明你和他们的实力如何组合在一起才能实施你的想法。不要以为背书者能直接把这些碎片信息联系起来。即使他们真的能将这些信息联系起来,也要让他们知道为什么你们能合作愉快。这位皮肤科医生在写电子邮件给潜在投资者时,会强调"您的零售背景"和"我的临床背景"为什么会成为不错的组合。这不仅给双方关系奠定了一种合作的基调,而且向投资者表明,他并不是简单地给自己能够找到的所有投资者发邮件,而是已经做足了准备。

艾米丽·韦斯创办了美容网站 intothegloss.com。当被人引荐给投资人柯尔斯顿·格林时,她明智地采取了上述步骤。柯尔斯顿·格林是我们之前提到能点石成金的一美元剃须乐部的投资者。[13] 当时由于 intothegloss.com 每月的用户访问量都很可观,因此韦斯开始设想开展多元经营,包括开发实体产品。[14] 尽管她很清楚如何吸引和维系忠实的追随者,但并不了解如何推出产品。[15] 而格林拥有强大的零售行业背景,也曾为美妆电商 Birchbox、眼镜电商 Warby Parker 以及美式家居品牌 Serena & Lily 等消费品公司做过背书。[16]

韦斯将她的不足与格林的长处融合在一起,巧妙地讲述了"我们的故事"。她没有向格林做正式提案,而是谈了自己从 intothegloss.com 的读者那里观察到的——他们渴望什么,以及各种关于自己如何实现读者想要的东西的想法。在与格林的会面中,她所列出的这些想法,立即就将其拉入了关于如何建立在线美容品牌的对话中。经过对产品的再三权衡,韦斯和格林最终决定将化妆品和护肤品作为进入市场的初始产品。如今,Glossier 品牌市值达到 12 亿美元[17],旗下产品还增加了服装、身体护理产品和香水。《财富》杂志称之为"美容领域最具颠覆性的品牌之一"[18]。

让参与者成为英雄

多年前,我认识了一位名叫米歇尔的设计师。她在公司非常抢手,大家会争着让她加入自己的团队。后来我发现,人们不仅欣赏米歇尔的创造力,更喜欢她的创作过程。在分享了一组设计案后,米歇尔总能从参与者的交流中提取创意。在后续会议中她会逐项列出反馈清单,并展示如何将参与者的想法融入最新的设计中。即使她决定不予采用,也会公开理由。大家并不是每次都赞成米歇尔的观点,但他们总会感到自己的想法得到了倾听。他们的意见很重要,他们认为自己是米歇尔创作过程的局内人。

琼恩·科恩道出了米歇尔备受认可的关键。科恩曾担任 TED 的媒体负责人,现在是媒体公司 WaitWhat 的首席执行官。他说,要描绘一个史诗般的职业生涯,"需要让招募到的每个人都成为英雄,不仅是招募人故事里的英雄,而且要成为招募人自己故事中的英雄"。在《绿野仙踪》中,多萝西获得了铁皮人、稻草人和狮子的帮助,也让他们成为自己故事中的英雄。科恩说:"如果稻草人没有机会获得大脑,如果铁皮人无法获得心脏,他们就不会勇敢地面对飞猴的攻击!"[19]

要体验做英雄的感觉,就要弄清楚什么样的言语和行为能够产生影响。佩内洛普·伯克是著名的筹款研究员。他展示了当人们真正感到自己是故事中的英雄时会产生的积极影响。20多年前,伯克注意到非营利性组织的领导者将大部分时间和资源都用在招募新的捐赠人上,而不是维系已有的捐赠人。结果,一般的慈善机构有近70%的捐赠人不会再次捐赠,因此非营利性组织的领导者要不断重新寻找捐赠人。

"这没有任何意义。"伯克告诉我。因此,她决定研究如果慈善机构把时间和精力用来维系现有的捐赠人,会出现怎样的情况。在研究过程中,伯克将一组曾向国家医疗慈善机构捐赠的人单独列出。

在这个测试组中的人会接到来自董事会成员的私人电话。这通电话并不要求你捐赠更多的钱,也不是再次推销,而是表达真诚的感谢——这很关键。捐赠人收到了衷心的感谢,了解到自己的支持做出了怎样的贡献,产生了怎样的影响。打完这些电话后,伯克等着看有多少捐赠人会留下来。

她的发现令人震惊。两年后,接到董事会成员电话的人中有70%仍在向慈善机构捐款,不再捐赠的人只占了18%。最重要的是,留下来的捐赠人比开始时多捐了42%的资金。[20]

当伯克与我分享这些结果时,我问她,一通简单的电话为何能带来如此巨大的变化。她的回答部分解答了我的问题。她读了碰巧放在办公桌上的一封感谢信。这是一个社区组织者写给另一个社区组织者的信,开头的第一段是:"我们知道,你的职责是让捐赠人和志愿者感觉自己成了英雄,毫无疑问确实如此。"

帮助人们了解自己所产生的影响不是一个商业概念,而是一个人文概念。我们都希望感受到自己所说的话和所做的事很重要。如果你是背书者,这种感觉就是知道对方听取、采纳了自己输出的意见,无论你给出的意见是用在了战略还是产品方面。

我是在政治领域第一次领悟到这一点的。高中时,我为本地一位名叫约翰·丁格尔的政客做入户宣传,我至今都还记得当时人们脸上的恼怒表情。我会在星期日下午按响门铃,越是到活动尾声,人们的愤怒情绪就越是高涨。因为竞选工作人员已经多次到访家中,提供的宣传材料也都是一样的。"如果你再多给我一份这种小册子,我就投票给另一个竞选人。"一位住在郊区的父亲说。

10年后,我为另一位候选人拉票时,智能手机已改变了一切。敲门之前,我可以打开一个应用程序,了解对该选民而言最重要的问题,因为在上一次到访时我们已经对此做了记录。我会这样说:"从我们上次聊天的结尾开始吧,我知道您非常关心K-12教育。能让您了解一下我们在这方面取得的一些最新进展吗?"结果,关门次数减少了,对话质量提高了。选民觉得自己的心声被倾听了,他们感觉到自己所说的话很重要。

通常我们不会仅通过一次对话就赢得他人的青睐,而是通过一系列建立信任的互动来赢得青睐。即使上一次谈话很糟糕,也可以用下一次谈话展示他们如何影响你的工作。这种跟进很有效,常常能令背书者的态度从否定变为肯定。

布莱恩·伍德是美国国防部下属的国家地理空间情报局的创新战略负责人。他用通俗的语言向我解释了他创立的名为"导管"的内部项目。该项目是利用人工智能帮助机构更有效地做出正确决策,但当他向五角大楼的决策者做提案时,却遭到了拒绝,后者还表达了一系列担忧。

伍德没有采取防御措施，而是仔细听取了反馈。他做了详细的笔记，在重回会议室之前，创建了一个待解决事项清单。几周后，他安排了一次跟进会。

正如设计师米歇尔在一家高科技公司所做的那样，伍德向五角大楼官员介绍了基于原型的修改版本，展示了对方的反馈意见是如何被整合进去的。当伍德完成演示后，与会人员都很惊讶。当他问大家是否还好时，一名官员清了清嗓子说："大家都挺好的。只是从未有人会再次回来做同一份提案。"

与伍德不同，我从未想过要再去找那些拒绝了Rise的投资者，直到我和一位法学院的老朋友喝咖啡之后，才改变了自己的想法。安迪耐心地听我抱怨每个投资者都是怎么拒绝我的想法的。听我说完后，他向后靠在椅子上，看向远方，然后提了一个问题："为什么？"

"为什么？"我问。

"他们为什么拒绝你？"他说。

"因为他们不喜欢这个主意。"我说，并感觉有点恼火。

"是的，但为什么呢？他们为什么不喜欢这个主意？"他紧逼道。

那一刻，我突然意识到，自己并没有真正问过那些投资者拒绝的原因。通常我会收到一封简短的电子邮件，上面写着："对不起。这不适合我们。"但我没有跟进，也没有做进一步探讨。

那天晚些时候，我听取了安迪的建议，联系了所有放弃Rise的投资者，询问他们需要什么才能同意投资。有些投资者只是简单回应："没什么，只是不适合我们。"但其他人则给出了实质性的回应，提供了诸如"希望看到更多关于留存率的数据"或"希望看到工程师团队做得再多一点，让我们知道你们可以开发出一款有竞争力的消费产品"的建议。

如果不提这个问题，我永远不会收到反馈。现在我有了明确的方向，知道调整路线图，关注客户留存率，聘请招聘人员帮助寻找工程师。大约一个月后，我给同样的投资者发了电子邮件，询问其是否愿意参加一个快速的跟进会。每次会议开始时，我都会重申他们共同关心的问题，说完后我就感到整个房间的气氛都放松了。那一刻，他们知道我不会浪费他们的时间，不会重复完全相同的提案内容。然后，就像五角大楼里的布莱恩·伍德和设计室里的米歇尔一样，我展示了自己如何吸收他们的意见，并更新了到目前为止的进度情况。新的提案并非总是奏效，但仍有两位之前拒绝过我的风险投资人成了 Rise 的早期投资者。

分享就够了

谷歌曾经是那种在午休时间提出想法，下班前就可以得到实施的地方。但短短几年内，谷歌的规模扩大了数倍，官僚层级也增加了。会议中，人们都在提各种各样的意见，要实施某个想法需要经过更多人批准。

杰克·纳普正是在这种文化转变中，为视频聊天界面做出了一个新提案。作为一名设计师，让越来越多的决策者通过某个创意设计是纳普工作的一部分。不出所料，这些会议进行得并不顺利。

纳普与他的同事瑟奇·拉切贝尔讨论了这一情况。午餐时，他们回忆了曾经设计对话只在小组内进行时有多么顺利。纳普拥有视觉艺术学位，总是在纸上或白板上勾勒草图，大家似乎很快就能达成共识。

就在此时，拉切贝尔有了主意。在小型会议中，纳普一直使用草图。但在与上级召开的会议中，他总是分享高精度的成品模型。如果他们尝试放弃正式设计，只展示这些草图，会发生什么？

纳普认为值得一试。他用草图展示了自己的想法，并录制了一系列自己勾勒草图过程的视频短片分享给团队成员。这一招奏效了。纳普以前习惯于接受批评，而现在他正在收到建议。背书者在查看基本草图时，发挥想象力，提出创造性的意见。这些反馈为纳普推进项目提供了所需的跳板，让他成为视频会议服务产品Google Meet 的联合创始人，这也是公司发展速度最快的产品之一。

后来纳普告诉我，在为新概念做提案时，不能 100% 指定想法，而是要为背书者创造能参与其中的空间。分享的内容要足以激发他们的部分想象力，但如果分享太多就会为他们提供拒绝的理由。纳普现在是一名畅销书作家，他的偶然发现成了贯穿其整个职业生涯的经验，这正如斯坦因在哥伦比亚广播公司做提案时所获得的经验。

另一位好莱坞编剧迪克兰·奥尼基安以前习惯于被人以各种原因拒绝，但他怎么也没想到还会有这样一种原因。"麦道夫？"奥尼基安对着电话喊道。伯尼·麦道夫怎么可能与一部讲述狼人殖民地的动作惊悚片有关系？

就在几个星期前，《视相》杂志宣布奥尼基安的电影《罗伯》

已经快速进入制作阶段。多年来，坚持白天上班，夜晚和周末写作的奥尼基安似乎终于走上了成功之路。这部电影原定在里约热内卢拍摄。正当奥尼基安收拾行囊时，他的经理打来电话告诉他一个可怕的消息，这部电影的投资人因麦道夫的庞氏骗局而亏损。电影《罗伯》因此被叫停。

时机对于获得背书至关重要，而奥尼基安的时机真是糟得不能再糟了。2008年全球金融危机的影响仍充斥着各个方面，电影投资人都在疲于奔命。奥尼基安和他的伙伴莱仁德·格兰特约定在圣莫尼卡的一家咖啡店碰面，他们全力避免消沉地在酒吧相会。《罗伯》只能在架子上"吃灰"，而他们需要可以赚钱的新想法。经济可能会一直不景气，但南加州的房租绝对不会下跌。

他们断断续续讨论了多年的想法：一个大盗不情愿地同意教一群粗心大意的孩子学习真正的偷盗技术。这个故事既有抢劫电影的成分，也有《龙威小子》的影子。他们把这个故事称为"小偷教练"。

尽管他们对"小偷教练"这个想法感到兴奋，但还是想确认其是否值得尝试一下。好莱坞制片厂已经从倾向原创剧本转为依靠成熟的知识产权体系。更糟糕的是，奥尼基安和格兰特需要6个月的时间才能写出一部新剧本。无论从经济角度还是精神角度，他们都负担不起再次进行零回报的写作。

在此期间，两人见了德里克·哈斯。哈斯是好莱坞顶级编剧，创作了热门电视剧《芝加哥烈焰》。他同时经营着登载一些大编剧写的短故事的网站Popcorn Fiction。哈斯喜欢"小偷教练"的提案，并鼓励他们尝试将其写成短篇小说。

这听起来像是为"小偷教练"提供了一个完美测试。完成 30 页的短篇小说《小偷教练》可比写 120 页的剧本更快。虽然他们仍然没有得到任何经济回报方面的承诺，但至少它会被出版，会存在于现实世界，而不是像《罗伯》和其他许多未被制作的剧本。

《小偷教练》在 Popcorn Fiction 网站上发表后，几乎没有引起太多关注。有一天奥尼基安正准备在太平洋岸边慢跑，忽然看到他的经理发来的语音邮件。曾经有一段时间，他会立即查看邮件，但在接收了多年坏消息之后，他决定等跑完再看。当奥尼基安听完内容很乱，像是一串乱码的语音邮件后，他只能从中识别出"贾斯汀喜欢它"。

虽然公众对《小偷教练》的反应相对平静，但这部短篇小说一直在有影响力的制片人和导演中间悄悄流传着，直到最终传到了《速度与激情》的导演林诣彬手中。林诣彬非常喜欢这个故事，立即召开了一个会议。

在这次会面中，奥尼基安和格兰特做的提案内容还没有林诣彬给他们提的多。林诣彬在阅读《小偷教练》的过程中，激发了自己对于完整故事的想法。此外，由于故事还在比较基础的层面，没有完全成熟的细节，这令林诣彬感到兴奋，并开启了合作的大门。经过多年努力，奥尼基安和格兰特终于在会议室中成功地将好莱坞炙手可热的导演变成了自己的局内人。

The Surprising Truth Behind What
BACKABLE
Makes People Take a Chance on You

第六章
打好表演赛

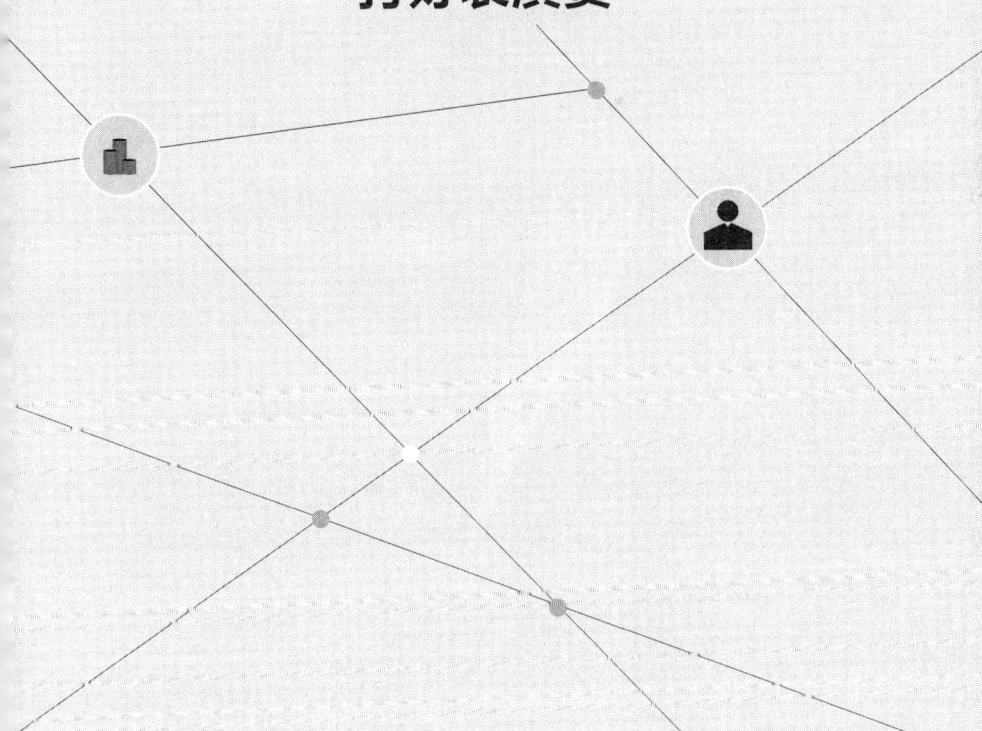

成功的关键在于提前练习演讲

奥伦·雅各布在计算机图形初创公司皮克斯做实习生时，公司的首席执行官是史蒂夫·乔布斯。乔布斯决定将业务方向从硬件和软件转向动画，并解雇了超过一半的员工。很多人瞬间就失去了工作，雅各布以为自己也会成为他们中的一员。周末，雅各布正在思考下一步该做些什么时，雅各布的父亲问他："如果你就当什么事都没有变化，星期一去上班会发生什么？"雅各布认为自己没有什么可失去的，所以决定一试。

星期一早上，雅各布参加了每周一次的全体会议，彼时的参会人数已减少至不到 50 人。裁员发生得太快，以至于每个人都在扫视着房间里的幸存者。雅各布被众人茫然地盯着，甚至偶尔还迎来一两道怀疑的目光，但没有人提出"为什么要留下一名实习生"这样的问题。

会议结束后，雅各布试图找出一项有产出的任务来让自己看起来很忙。第二天、第三天……他都是这样做的。雅各布就此开启了自己20年的职业生涯，从实习生一路晋升到《虫虫危机》的技术总监，再到《海底总动员》的监督技术总监，直至皮克斯公司的首席技术官。

这20年里雅各布一直都处于有背书者的世界中。从《玩具总动员》到《勇敢传说》，在皮克斯从一家图文公司转变为好莱坞首屈一指的动画工作室的过程中，雅各布发挥了关键作用。这一路，他听过来自公司各个角落的数千次演讲——从剧本到技术建议再到商业计划。他亲自向史蒂夫·乔布斯和皮克斯的联合创始人艾德·卡姆尔提出过自己的想法。当我和雅各布坐下来聊他从皮克斯的"威利·旺卡墙"后面学到了什么时，可以想象我是多么兴奋。

起初，雅各布的回答让人失望。雅各布说，在皮克斯工作的20年，使他明白提案会议室成功的概率取决于一个关键：练习。无论是面试工作、与团队分享新想法，还是从投资者那里筹集资金，"提案演讲就是做现场表演"，不事先练习就像演员在正式演出前没有排练一样。

我觉得雅各布的回答过于简单，于是提出请他给我演示一个真实场景的想法，就像几年前杰克·多西对我的那一次失败的面试。读者朋友可能还记得这个故事。我想再分享一些令人尴尬的细节。推特的联合创始人杰克·多西刚刚创办了最新的移动支付公司Square，而我参加了产品经理岗位的面试。在多西对我进行面试的前两分钟里，他提了一个例行问题："你怎么看待产品开发？"

需要向读者交代一个背景,过去几年我一直在从事产品开发工作。我不仅管理过产品开发团队,而且撰写过产品开发论文,并在产品开发会议上发言。但不知何故,当多西简单地问我怎么看待产品开发时,我的回答却一团糟。

我记得当时自己就像一个紧张的参加拼字比赛的选手,认真地给出回答,也看到多西从全神贯注变为漠不关心。没过多久,他就客气地告辞了。可想而知,我没有得到这份工作。

当我重温这个故事时,内心依然感到不舒服,但雅各布觉得这个经历很有趣。他笑了几声后,向我提了一个简单的问题:"那次面试之前你有没有练习过?"我的答案是肯定的,我做了研究,写下笔记,准备问题,以及所有能为面试做的准备。

"可是你练过吗?"雅各布又问。

"你的意思是,我排练过自己要说的话吗?没有。"

雅各布看了我一眼,这一眼和杰克·多西看我的眼神没有什么不同。他问:"你在法学院备考的时候,会参加模拟考试吗?"我点点头,如果没有那些模拟考试,我无法完成法学院的学业。雅各布凑过来说:"所以,对于法学院的考试,你会用好几个小时去练习,但对于可能改变你职业生涯的面试,你根本就不练习?"

雅各布并非想让我感到难过,但他的话就像一记重拳击中了我的内心。不仅是因为与杰克·多西的会面,我开始反思自己职业生涯中每一次有意义的活动,所有的演讲、采访、咖啡交谈,以及任何让我有机会闪耀的情景。然而,我想不出自己在会议之前真正练习过的时间。

我现在已经指导过一些创始人和创作者,也亲自了解到在做正式提案前练习的人是多么罕见。我们会在研究、概述、整理幻灯片上花费很多时间，却很少花时间练习我们将要分享的内容。这种感觉似乎是，只要我们有了正确的内容，并且掌握得足够好，那么就不需要练习了。

但我发现值得背书的人在走进会议室之前，往往会大量练习他们的提案演讲。他们找朋友、家人和同事练习，慢跑时与跑步的伙伴练习，在茶水间练习，在酒吧组织优惠活动时练习。在许多低风险的练习场合为高风险的比赛做好准备——我现在称之为"表演赛"。

没有小场合

几年前，我的朋友兰斯打电话给我，电话那端的他激动又陶醉。在一番挣扎后，他终于能够顺畅地告诉我发生了什么。在一个周中的夜晚，兰斯和另一个朋友无意中来到了专业单口表演俱乐部"喜剧酒窖"。这是纽约的一个地下喜剧演出场所，场子里也就坐了一半的人，票价是 5 美元 / 张。兰斯在前排的一张桌子坐下，观看了几个名不见经传的喜剧演员的表演。在演出快结束他准备离开时，一个看起来很惊讶的主持人突然出现在舞台上。"女士们、先生们，你们怎么都猜不到今晚谁来了现场，"说完还停顿了一会儿，"和我一起欢迎杰瑞·宋飞吧！"

这是在宋飞最后一季节目停播后的几个月。宋飞是全世界极受欢迎的喜剧演员之一，他在麦迪逊广场花园等场地的演出票很轻松就能售罄。但那一晚，兰斯摸着右口袋里那张 5 美元的票根，现场观看了一场传奇喜剧人的表演。

宋飞的节目停播时,他做了一件大多数粉丝都没有想到的事情——回到20年前给他上台机会的小俱乐部表演。为什么?因为宋飞希望先在低风险的场地练习新素材,再到座无虚席的体育场进行表演。

对于值得背书的人来说,表演赛的场地没有大小之别。唯一的要求是能够在其他人面前练习,仅仅让一个真人盯着你看,就足以让你进入真正的练习模式。我已经在8岁的女儿面前打过很多场表演赛了。

关键是要像对待真正的背书者一样,对待每一场表演赛。我在打表演赛时曾经犯过这样的错误,我会说:"首先我要谈一谈数字治疗市场的规模,然后我会讨论我们与竞争对手的不同之处。"但这么做就不是一场真正的表演赛了。宋飞在"喜剧酒窖"这类只坐了一半观众的地方表演时,仍然把它当作一个座无虚席的体育场,表演完全部内容。

亨特·沃克在公司的早期阶段进行投资,并与创始人合作,帮助他们筹集更多资金。当他们一起练习时,创始人有时会切换到画外音模式,在这种模式下,他们不再做提案演示,而是对提案进行描述。如果一位创始人开始说"我会用这张幻灯片向投资者展示我们的市场策略"时,沃克会说:"停,要像真的在做提案演示一样。"[1]

皮克斯动画工作室的奥伦·雅各布认为这是一个基本规则。"当你练习时,不要概述将要分享的内容,而是要准确地讲述将要分享的内容。"这不仅能更好地练习,而且能让观众更好地接受。雅各布给我讲述了他的同事安德鲁·斯坦顿是如何向各大营销公司推销《海底总动员》的。这些人都是营销高管，投资经验非常丰富。毫无疑问，这是一次非常重要的提案演示，所以通常会有一群人带着大量的视觉效果图登上演示台，但斯坦顿没有这么做。他只身上台，没有展示任何视觉效果图。在接下来的90分钟里，他发表了一场被雅各布称为"世界级、奥林匹克水准的提案演说"。

斯坦顿是怎么完成的？他让高管们如同看电影般直接进入故事。不是预览或描述，而是一场真正的关于《海底总动员》的单人表演。在介绍影片中的海鸥角色时，斯坦顿并没有说："海鸥很有趣，因为它们互相争夺食物，互相喊'我的'。"而是像海鸥一样仰起头，冲着一群有高度娱乐圈阅历的营销高管大喊："我的！我的！我的！"他们看到的不是一个故事预览，而是真正的故事。斯坦顿的单人表演促成了这场有史以来最大的一宗商品采购。

当朋友问你在做什么时，不要做30秒的总结，而是问："你有15分钟的时间让我练习一下提案吗？"我发现参加表演赛不仅强化了我的练习，而且使人际关系变得更加紧密了。朋友和家人可能很希望被邀请参与创作过程。如果你不介意表演场地太小，那么整个世界都会成为你的舞台。

接受尴尬和负面反馈

第一次练习总是最难的，因为这会让别人看到提案最粗糙的版本。我之前从未进行过表演赛的一个重要原因，就是想避免一切负面反馈。

然而，里德·霍夫曼向我展示了这种思维方式是如何阻碍我的。作为 Mozilla 公司的一员，我参与的第一个项目是一款名为 Themes 的产品，它可以让用户自定义火狐浏览器的外观和视觉效果。项目开始几个月后，Mozilla 公司的董事会成员霍夫曼问我用户对产品的反响如何。我回答说还没有进行用户测试，因为产品还没有准备好。他看着我说："如果你不是对这款产品的第一个版本感到极为尴尬，那么就是你推出的时间太晚了。"

值得背书的人告诉我，长期的成功可能来自短期的尴尬。引人注目的演讲者之所以能自然而然地讲话，通常是因为经过了大量的练习。他们练习得太多了，以至于他们的演讲看起来自然到好像没有经过准备。莫林·泰勒在硅谷经营着一家从事沟通业务的教练服务公司，该公司与迪士尼、通用电气和希尔顿等公司的高层领导者都有过合作。当我问她有多少客户天生就能做演讲时，她毫不犹豫地说："没有。"

谷歌前首席执行官埃里克·施密特就是一个绝佳的例证。施密特是硅谷极为善于表达的人之一。但他早期在互联网技术服务公司太阳微系统公司开启职业生涯时，被认为是个安静沉思的人，他很少在会议上提出自己的想法。泰勒告诉我，施密特决定要学习沟通之道。在太阳微系统公司工作期间，他学会了如何充分表达自己的想法，这使他在公司内部担任了更重要的角色，并最终成为谷歌联合创始人拉里·佩奇和谢尔盖·布林关注的对象。

人们很容易假设具有说服力的沟通者是与生俱来的。然而，通常情况下，这一能力是刻意练习和个人重塑自我的产物。为了实现这个目标，他们进行了很多场表演赛。

不要问：你是怎么看的

我在向朋友解释一个想法后，经常会请他们解释回来。这不仅有助于我了解这个想法是否已经可以落地，而且可以通过这一过程找到新的解释它的方法。当我第一次想到写这本书时，畅销书作家丹·平克成了这个听我解释自己想法，再向我解释的人，只是过程更加雄辩。"这些能改变自己命运的人不仅仅是优秀，更多的是他们值得别人为之背书。"他说。如果你想起了引言中的这句话，那就是他说过的。

当人们向我重复我的想法时，总是能让我找到真正引起共鸣的东西。这可以帮助我删除无效的部分，从而找出有效的对话。这类似于电影业使用的剧本围读法，演员围坐在桌子旁大声朗读完整的剧本。导演根据大家的反应对台词进行调整。反应平淡的台词可能会被删除，而其他部分则会得到加强。

投资人亨特·沃克曾告诉我，他用同样的方法来帮助初创公司筹集资金。他和一位创始人将幻灯片打印出来，并在重要的地方标记星号。

表演赛的目的是尽可能获得最直接的反馈。在进行练习后，不要问"你是怎么看的"这种问题。如果这么问就意味着你在面对难以争取的背书者时，缺乏应具备的深刻洞察力。相反，提出更具体的问题才能获得深入的反馈。

汤姆·李博士是基础医疗公司 One Medical 的创始人，这家公司是世界上增长速度极快的基础保健提供者之一，还收购了 Rise。如今，One Medical 公司已上市，为近 50 万名患者提供服务[2]，但在创始阶段，汤姆·李也是一个人包揽了所有岗位的工作。早期的用户在到来之后才发现只有汤姆·李一人都感到十分惊讶，因为他既要接听电话，又要测量患者生命体征，还得注射流感疫苗。

培训期间，汤姆·李发现，向患者提出正确的问题有助于找出深层次问题。他说，例如一位头痛的患者来就诊，不应该问"你为什么决定来到这里"，而是应该问"你为什么决定今天来到这里"，多一个词就有助于找到问题的根源。汤姆·李说这种情况通常与工作或家庭生活压力有关。

汤姆·李开始将问诊视为医疗工具，因为他明白错误的问题只会得到无效的答案。当他创办 One Medical 时，大多数医疗服务机构都会问患者："您对这次来访的满意程度如何？"但汤姆·李觉得这个问题不够深入，而且很生硬，他说："几乎每个受访者都给出了 4.5 分（5 分制）。"

汤姆·李向患者提出更具体的问题。"按 1～10 分的程度划分，您有多大可能会将我们的机构推荐给朋友？"然后他会深入研究每个患者为何给出相应的评分，并将他掌握的信息应用到之后其他患者的来访治疗中。汤姆·李说这个方法被营销人员称为净推荐值法，能反映细微的差别，帮助自己"发现更多缺陷"。

由于不满足于标准的患者满意度调查，汤姆·李设计出《商业内幕》杂志记者所说的"最佳医疗实践"[3]，并被商业杂志《快公司》评为"最具创新性的健康公司"的第一名（苹果公司排名第二）[4]。

汤姆·李向我展示了当超越例行问题时（例如"你怎么看"），我们能获得什么。尽管我们可能很喜欢听到"我喜欢它"这样的正面反馈，但这不会让我们取得进展，值得背书的人都知道这一点。这就是为什么每天晚上拍完《每日秀》后，乔恩·斯图尔特不会直接回家与家人团聚，而是与节目制作人挤在一间没有窗户，只有几把椅子的房间里审节目。斯图尔特在每晚演出后都捧起一碗水果切片坐在房间里，他会问"哪些地方做对了"，但更主要是探讨那些本可以做得更好的地方。

《每日秀》的首席编剧兼执行制片人史蒂夫·博多审了近2 000次节目。他回忆起有一天晚上他们很苦恼，搞不懂为什么观众对一个蒙太奇片段反响平淡。在深挖后终于得出了答案，他们发现编剧提交的片段没有时间轴，这就要求视频团队再花20分钟时间找镜头。"这听起来只是一件小事，"博多说，"但是因为没有足够的时间来完善视频剪辑，笑话的位置就没有被安排好，而这就是失败的原因。"

关于收集正确反馈的最后一点：有时最好的反馈来自人们的行为，而不是他们所说的话。朋友可能不想让你伤心，所以要注意通过非语言暗示——面部表情、点头、在适当的时候微笑——来判断你的表现是否达到了预期效果。

在与客户测试新产品概念时，一些顶级研究人员会完全跳过语言反馈，只关注非语言行为。当我在高朋工作时，我和团队不再询问测试版客户对新设计的看法，而只是观察他们与产品的交互，通过这种方式，我们得到了更准确的反馈。有时，客户会说他们更喜欢一种设计，但随后却花更多时间与替代品进行交互。

作家尼尔·施特劳斯告诉我，当他写完一本书后，就会打印出来，然后向信任的人大声朗读整个手稿，但几乎从不征求他们的意见。相反，在通读过程中，他会密切关注听众的面部表情，并根据反应在空白处做一些笔记。施特劳斯认为这种做法是他取得成功的秘诀之一，他有7本畅销书登上《纽约时报》榜单。

建立背书人脉圈

埃丝特·佩瑞尔是一位心理治疗师，也是婚姻关系和性方面的专家。佩瑞尔认为，婚姻失败是因为我们希望伴侣提供"曾经需要整个村庄才能提供的东西"。佩瑞尔说，我们把这些需求都放在一个人身上，"提供归属感、身份感和持续感，还要有超越感、神秘感和被敬畏之感。既要能带来安慰感，又要产生影响力。既要有新奇感，又要有熟悉感。既要能被预见，还要有惊喜"。当他们未能满足所有这些需求时，就会被责怪。[5]

婚姻顾问经常要求客户将这种负担从一个人身上转移到一个圈子中，圈子中的成员应包括家人和朋友，以用来满足不同需求。你的配偶或伴侣是圈子的一部分，但他/她并不是整个圈子。

虽然听起来很奇怪，但这是明智而专业的建议。互联网支付平台PayPal和创新平台公司Palantir的联合创始人兼点评网站Yelp、脸书和流媒体音乐平台声破天等初创公司的背书者彼得·蒂尔强调了圈子的重要性。他说自己每天都在尝试做的一件事就是"与我所认识的那些极为聪明的人交谈，并继续发展自己的想法"[6]。

像蒂尔这种值得背书的人热衷于建立一个自己信赖的顾问圈子，圈子里的人个性和观点迥异，并且他还可以与他们做一对一的提案展示。圈子里的人最终将成为争取背书旅程中的重要成员。虽然每个人的"背书圈子"不同，但我喜欢以下4种特定类型的人（即4个C）。

第一类是合作者（Collaborator）。这类人能帮助你延伸自己的想法，提升你的输出效果。他们不会对你所说的一切都表示同意，但所有的反馈都会让人觉得很有成效。当你与合作者在一起时，会觉得自己在参加一场即兴音乐演奏会，彼此通过不断重复改进想法。

法学院的学生以酷爱竞争著称，很少有人夸赞这个群体善于合作，但美国西北大学有个例外。埃文·埃施迈耶是一名前NBA（美国职业篮球联赛）球员，膝盖受伤后回来上学。虽然大多数课堂都充满了辩论和异议，但他却能平息争论。我和埃施迈耶成为朋友后，才开始了解他的合作精神起到了巨大的作用。

2001年，达拉斯独行侠队争夺NBA总冠军。当球队老板马克·库班将埃施迈耶招募到球队时，篮球评论员都对此感到很惊讶。埃施迈耶名气不大，但库班并没有关注他是不是篮球明星，而是专注于一个叫作"正负值"的指标。正负值不是用来衡量你在球场上的表现，而是用来衡量你在球场上时队友的表现的。虽然埃施迈耶的个人数据只达到球队的平均水平，但他的正负值在整个联盟中名列前茅。当他出现在赛场上时，队友通常能表现出色。

埃施迈耶将他的态度带下球场，通过法学院进入职场。如今，他被视为首席执行官值得信赖的顾问，也是我极为亲密的合作者之一。当Rise还在构思阶段时，他就在打第一拨电话的名单中。当我开始考虑撰写本书时，他也是被想到的人。对于这两件事，他都专心聆听并做笔记，然后再与我一起参加临时会议，讨论怎样才能做得更好。

第二类是教练（Coach），我向他们介绍处于早期阶段的想法。虽然合作者有助于确定想法是否适合这个世界，但教练能了解一个想法是否适合你。正如我们在第一章中所讨论的，有可能一个想法很适合市场，但并不意味着它很适合你。我的妻子丽娜就是我的教练。我不断向她带来想法，即使这个过程有时很烦人。丽娜作为《财富》杂志的一名撰稿记者，对某样东西是否适合市场有很强的直觉，而她对某个想法是否适合我的直觉更强。她不仅会考虑"这是个好主意吗"，而且会评估"这对桑尼尔（我本人）来说是个好主意吗"。

几周前，我告诉她自己关于"情绪版烂番茄评分网站"的想法，使用者可以在上面记录一部电影给自己带来了怎样的感受。她想了想，回答说："这听起来行得通，但感觉不像是你真正想要构建的东西。"她是对的，因为几周后我几乎忘记了这个想法（尽管我也认为它可行）。

第三类是啦啦队长（Cheerleader）。他并不是给你提供批评性反馈的人，而是在入场之前让你感到自信的人。曲棍球运动员在赛前会通过练习简单的射门来帮助守门员热身。在赛前最后的几分钟里，球队的目标是帮助守门员建立信心，而不是考验他的技能。

这名啦啦队长可以是任何人——朋友、同事、配偶或父母。《快公司》杂志将埃伦·利维评为"硅谷最有人脉的女性"。她的社交范围从国会议员到上市公司的首席执行官。然而，当我问她在一场重要的提案之前会去谁那里寻求信心时，她微笑着说："那很容易，去找我的妈妈。"

第四类是"切达"（Cheddar），他是你圈子中最关键的角色。你的"切达"会故意给你的想法找碴儿，有时甚至会令你深感不安。

我是底特律人，很喜欢电影《8英里》，以及该电影中由埃米纳姆所扮演的吉米·史密斯的一个名叫切达·鲍勃的朋友。在整部电影中，吉米的朋友们都在不断地培养他的信心，除了切达。在最后一幕中，吉米和工作人员正在为他的最后一场说唱战做准备，给他积极的鼓励，而切达突然说了一句："万一他（吉米的对手）说你的女朋友出轨了怎么办？"

虽然每个人都对切达的行为表现出不屑一顾，但吉米花费了一点儿时间意识到这是一个有用的观点。所以当吉米上台时，他首先提出了女朋友的情况（先下手为强），挫败了对手的打击。这就是一个好的"切达"。正是因为他们提出了尖锐的问题，我们才不会从背书者那里第一次听到这些问题。

大多数人在生活中都倾向于避开"切达"。我们远离那些对我们的想法极为挑剔的人。但这些人让我们做好了充分的准备，因为背书者很像"切达"，他们的工作是找到你的盲点。通过与"切达"进行表演赛，你会发现自己想法中隐藏的问题。正如投资者查理·芒格所说："知道你不知道的东西比表现得聪明更有用。"[7]

在我努力为Rise寻找投资者的过程中，曾被引荐给跑腿兔公司的创始人兼首席执行官丽雅·索利文。跑腿兔是当时非常热门的在线市场之一。我们在位于圣马特奥索利文的早餐店见面。我把她当作一名投资人，在自己的表演赛上向她做了提案。当我完成时，她的非语言行为告诉了我一切，她觉得我的提案需要大改。我们浏览了她的想法清单：演讲太长了，充斥着大量事实和数据，缺少简洁、令人难忘的故事。索利文为我找出好几处问题，帮我重建了一个新的故事大纲。之后，索利文离开餐厅继续她的一天，而我留下了，一个人坐在柜台前，又点了一杯咖啡，然后开始工作。

21 轮法则

1960 年 2 月，艾拉·弗兹杰拉在柏林西部地区为一大群人演唱了《尖刀麦克》(*Mack the Knife*)。这首歌被鲍比·达林、路易斯·阿姆斯特朗和弗兰克·辛纳特拉等艺术家传唱并流行起来。但这是观众第一次听到女性演唱这首歌。这是音乐史上的一个特殊时刻，但差点因为弗兹杰拉的中途忘词而被毁掉。

弗兹杰拉没有停下，而是继续唱了下去，她俏皮又快乐地即兴创作了新歌词。人们欢呼雀跃。这次演唱为她赢得了 1961 年第三届格莱美奖的最佳女歌手奖。

一场会议很容易像弗兹杰拉的表演那样出现反转。例如，被问到一个意想不到的问题，笔记本计算机的连接线突然停止工作，人们在会议室里进进出出。有些人是天生的即兴表演者，很容易平稳度过各种波折和被打断的过程。但通常情况下，达到这种稳定转换水平的人已经建立了我所说的"肌肉记忆"。他们对自己的材料非常满意，善于迎接各种挑战。

乔许·林克纳是一位屡获殊荣的爵士音乐家和演讲者。林克纳将首先告诉你，伟大的音乐家和演讲者能够像弗兹杰拉那样完成歌曲《尖刀麦克》的表演，不是因为相信一切都会好起来，而是因为有足够的信心应对一切差错。

以下是林克纳所描述的这种自信的感觉："当我演奏爵士乐时，我会充满信心地参加演出。但这种信心不是你所想的那样，我并不是要完美地演奏，而是知道我肯定会搞砸一些事情。但是因为练习了这么多次，我有信心自己可以应对，知道这一点让我在舞台上感觉万无一失。"

我也想在舞台上万无一失。当我准备在加利福尼亚州向700多名基金经理发表演讲时，我问林克纳需要多少轮练习赛。他的回答让我脸色一沉。"21轮练习赛。"林克纳说。当时我还从没有练习过21次。然而，当我后来与非常值得背书的人分享"21轮法则"时，从没有人提出过异议。

因此，我开始和妻子、孩子进行最初的几轮练习赛，直到他们听腻了。然后去找我的朋友，打电话给有一段时间没有联系过的人问："你介意我在Zoom上和你练习演讲吗？"其实提出这样的问题，让我很尴尬，但很少有人拒绝，我发现自己不仅与朋友重新建立了联系，而且离21轮的目标越来越近了。

在我开始第10轮练习赛时，有了新感觉。我开始对素材变得非常了解，不再需要专注于它。相反，我可以将注意力分散用来观察听众。我可以观察每条信息得到了怎样的反馈，并在此过程中进行调整。在之前的练习中，如果有人看起来很困惑，我会直接进入下一点。现在我发现自己可以进行即时调整，为了使表达更清晰，我会放慢速度并重新强调。如果他们看起来很兴奋，我会更加努力；如果他们面露笑容，我会和他们一起微笑。比起一个提案，我开始感觉谈话更像是一场舞蹈。

在进行第15场练习赛时，我已经镇定自若。在练习过程中我三岁的女儿踢开门，把我拖到厨房给她倒一杯牛奶后，我仍然可以从上次停下来的地方接起，丝毫不受影响。我开始理解为什么弗兹杰拉说熟练程度对于提案而言很重要。背书者很少会在整个提案过程中安静地坐着，除非他们感到无聊。他们提出问题，让你返回前面或跳到后面。这一切并不是坏事，因为这意味着背书者已参与其中。如果你能在波涛汹涌中轻松转换，从第三点跳到第九点，然后平稳地过渡到第四点，那将成为你自信心的闪耀时刻。

到我在后台准备上场演讲时，已经练习了21次，我甚至希望发生点事故，这样就可以锻炼自己新建立的"肌肉记忆"了。我终于体会到了万无一失的感觉。

重塑个人风格

如果参加了足够多的练习赛，你就会发现反馈已经形成了一定的模式。有时你会意识到整个提案都不起作用。与其放弃自己的梦想，不如鼓起勇气，重塑风格，重新开始。几乎每一位成功人士都这样做过。需要证据吗？搜索你敬佩的人的旧演讲，留意他们的交流方式发生了怎样的变化。

2004年7月27日，我在民主党全国代表大会担任初级撰稿人。那是一个星期二。大会在波士顿连开三天，每天晚上都有民主党家喻户晓的议员出现，这是第二个晚上。我的工作是确保每位演讲者能在上台之前得到自己需要的东西，其中包括希拉里·克林顿和阿尔·夏普顿牧师。

但在这片由重量级政治人物组成的海洋中，有一位我从未见过的演讲者。当时他正坐在我们临时工作室的角落里,在黄色记事本上草草写字,我悄悄地问其他后台经理他是谁。经理们都不记得他的名字,只记得他是来自伊利诺伊州的州参议员。

那位州参议员就是巴拉克·奥巴马。他当晚上台时,我在后台看了他的亮相演出。当时,奥巴马成了万众瞩目的中心,我也心潮澎湃。我感受到一股能量浪潮席卷人群,让所有接触到的人都充满活力。我看到父母将孩子抬到他们的肩膀上,强硬的政客擦掉眼泪,摄影师从三脚架后探出头来,想亲眼见证这一时刻。在那次演讲之前,体育场内的大多数人都不知道奥巴马的名字。当晚会议结束数小时后,我看见人们仍在体育场地板上寻找奥巴马的宣传材料。

我们都知道奥巴马是如何最终取得成功的,但值得花点时间重新审视他的成功究竟是如何开始的。在那次演讲的4年前,奥巴马参与竞选国会议员并以2∶1的结果被击败。失败后,奥巴马一家负债6万美元,奥巴马的妻子米歇尔对此很不高兴,而奥巴马也在考虑是否应该彻底放弃政治抱负。

竞选失败后,奥巴马乘飞机前往洛杉矶参加2000年的民主党全国代表大会。飞机在洛杉矶国际机场降落后,他试图租车,但被拒绝使用信用卡。当他好不容易到了会场,又被拒绝进入主会场。那时,奥巴马站在会场外,在屏幕上看到了当晚阿尔·戈尔接受提名的画面。[8]而4年后,他成了主旨发言人。

这4年中发生了什么使得奥巴马重新开始?答案就是他按下了重启按钮,从头开始。也许现在说起来有些令人难以置信,但奥巴马当时被认为很无聊。记者形容他"呆板"和"专业"。他的竞选演讲感觉就像一次授课。曾报道奥巴马竞选国会议员失利的记者泰德·麦克莱兰说，奥巴马的演讲过于枯燥，"把整个房间的活力都吸走了"[9]。

当奥巴马重塑自己的风格后，由于有了新盟友牧师杰西·杰克逊，这一切都改变了。奥巴马知道如何教育观众，而这位牧师则知道如何打动观众。要成为总统，奥巴马就需要两者兼而有之。因此，杰克逊帮助奥巴马成为他的联盟"彩虹推"的常客。奥巴马在那里参加了许多场练习赛，打磨出一种风格，最终奠定了他2004年主题演讲的基础。[10]

回顾那个时期，奥巴马说正是失败告诉他如何争取胜利。他说："它教会了我竞选的重要性，不是基于一堆白皮书和政策，而是讲一个故事。"[11]这种智慧将奥巴马从选民身边的政客重塑为国家领导人。但如果他不愿意重塑自己的风格，这一切都不会发生。

The Surprising Truth Behind What
BACKABLE
Makes People Take a Chance on You

第七章
放下身段

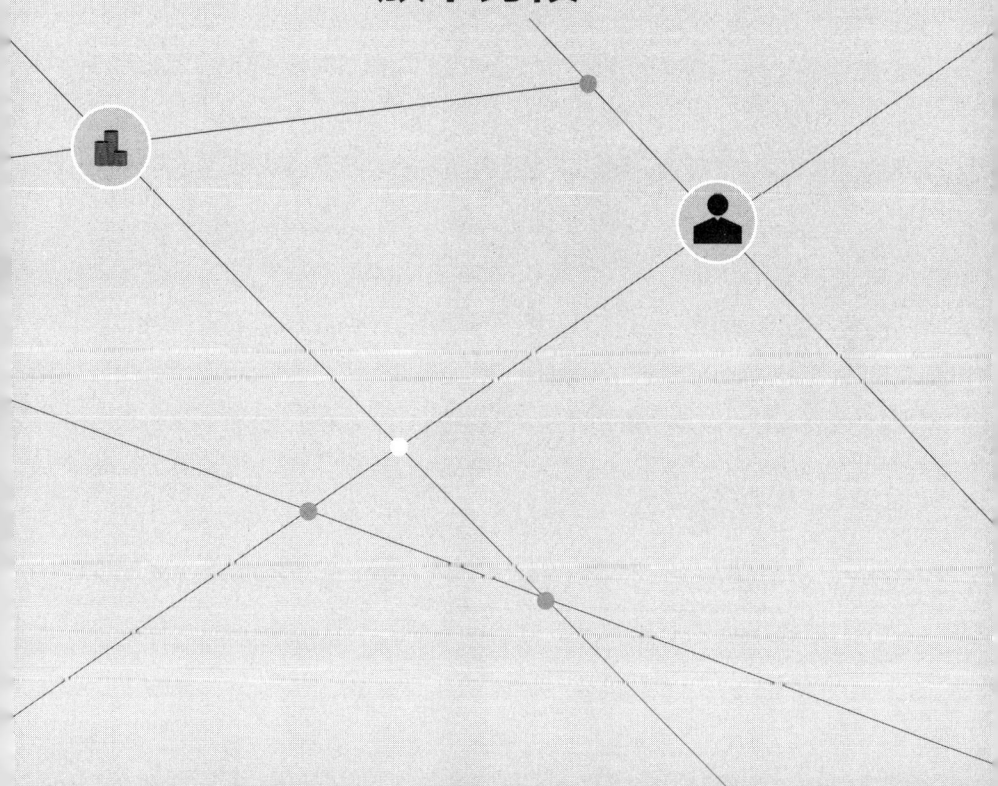

1959年，年轻的生物学家乔治·夏勒博士前往中非，研究山地大猩猩。当时人们普遍的看法是，大猩猩是凶恶、危险的野兽，令人生畏。但当与大猩猩一起生活了两年后，夏勒发现，大猩猩实际上是温和、富有同情心、极其聪明的动物，具有复杂的社会结构。当他回来展示自己独到的发现时，听众中有一位生物学家问道："夏勒博士，几个世纪以来，我们一直在研究这些生物，但我们没有得到任何信息。你是怎么做得如此详细的？"

"很简单，"夏勒回答，"我没有带枪。"[1]

研究人员通常会在背包中藏一件武器以防万一，但夏勒从未这样做过。他认为人可以隐藏一把枪，但永远无法隐藏拿着枪时的态度。任何微笑或温柔的表情都无法完全掩饰一个人不安的情绪，而大猩猩总是能察觉到这一点。

经过多年的努力，我终于变得值得背书，并开始意识到自己背包里的"枪"其实是我不愿意放下身段。我想要给会议室里的人留下深刻印象这种极端的渴望拉开了我们之间的距离，而不是建立了联系。无论我表现得多么专业或友好，人们总能看出我什么时候不自在。

本书中的很多技巧虽然能够让我感到舒适且自洽，但我仍然必须学会和自己相处。我必须学会放下身段，去尽情地表达自己，而不只是为了给人留下深刻的印象。

要做出来，而不只是说出来

几个月前，在一家风险投资公司的办公室里，我遇到了一位非常可爱的纽约创业公司创始人，他正在推销一款新的比萨外卖应用程序。客户只需点击一个按钮，就能买到自己最喜欢的比萨饼。创始人家族5代人都在经营比萨饼店。当我们俩在会议室里等待其他投资者的时候，他给我看了一张他高祖父的照片。他们家族的第一家比萨店是他的高祖父在意大利的一个小镇上开的。我一下子就被这个人给迷住了。他操着浓重的布鲁克林口音，带着真诚的微笑，给人一种轻松自在的感觉。

但随着越来越多的投资者进来，他的态度逐渐转变了。他收起笑容，以更严肃的态度推进工作。当他开始浏览幻灯片时，那种轻松自然似乎消失了。幻灯片的内容很有趣，也让我明白为什么有1/3的美国人属于肥胖人群。美国每年卖掉30亿个比萨，每个人平均每年吃掉超过10千克比萨。[2] 2010—2017年，只有一家公司在股市的表现超过网飞、苹果和谷歌——达美乐比萨。[3] 虽然幻灯片设计精致，内容丰富，但他的提案演说却很一般。我环顾四周，发现大家渐渐开始感到无聊。房间里的投资者开始看手机。根据个人经验,我知道他正在失去观众。一旦观众开始流失,就很难再让他们回来。

然后我想起他是多么自豪地向我展示他的高祖父,要是我能把他调回表演模式就好了。于是我脱口而出:"你手机上有这款应用程序吗?"创始人看到大家都一脸迷茫,说道:"我有,要看看吗?"我说是的,然后直接走过去看他演示。其他投资者也一个接一个地从座位上缓缓起身。

这一刻,局面翻转了。当所有人都挤在创始人周围时,他重新焕发了活力。他又回到了和我分享他的家庭故事时的状态。当他滑动展示应用程序的不同功能时,我看到投资者收起手机,开始提问。创始人抓住投资者的注意力了。几个星期后,他得到了投资。

我发现在每一次提案中,无论是何种行业或环境,当人们处于"聚集模式"时,就会更加自信,积极展示想法而不是描述想法。乔丹·罗伯茨进入法律行业还不到 6 个月,就发现自己要面对一群强硬的律师。他们正在就脸书以近 200 亿美元的价格收购瓦次普的交易进行谈判,这也是他们迄今为止最大的一笔收购。这种类型的交易通常需要用几个月来进行谈判,但马克·扎克伯格只给了团队 4 天时间。那是一个星期日的早晨,会议室里的人们一直在夜以继日地工作,睡眠不足,也厌倦了外卖。[4]

此时,一名初级律师正准备带领会议室里的参会人员过一遍交易中一些最重要的数字。多年后,我问罗伯茨:"你当时紧张吗?有没有疑惑?"是的,有。但是罗伯茨在那个房间里表现得极为出色,立即赢得了资深交易者的尊重,并在福布斯 30 岁以下 30 人名单中占有一席之地。他是如何进行如此精彩的演讲的?

事实上，他根本没有做演示。罗伯茨没有使用幻灯片，而是简单地用投影展示了自己的电子表格，让房间里的律师们浏览了他的数字。"我没做演讲，"他告诉我，"我只是向他们展示自己的想法。"

忘记自己

当你走进一个房间，展示自己的想法时，聚光灯就打在你身上。你要做的就是将聚光灯从你的身上转移到你的想法上。

建立 Rise 多年后，我们开始需要一些关键的合作伙伴来扩大我们的客户群，增加收入，同时还可以筹集更多资金。我开始向安泰、慧俪轻体和 Fitbit（美国一家销售记录器产品的新型公司）这样的大公司进行提案推销。选择这些公司，看起来合乎逻辑，但我们并没有选择其中任何一家公司。

本书前面提到的传播大师莫林·泰勒引用了演奏家查理·帕克的话："你必须学习自己的乐器。练习，练习，再练习。然后，当你最终站在演奏台上时，要忘记这一切，演奏就行了。"泰勒重复了帕克的名言，分享了一句话，而这句话已经成为我的口头禅："忘记自己。"

我去哪里都记着这句话，参加会议、演讲，甚至是与朋友共进晚餐。这句话帮助 Rise 建立了成功而稳定的合作伙伴关系，拿下我们的下一轮融资。

这句话对其他人也有用。以营销主管莉兹为例。过去 15 年来她一直在高增长公司管理大型团队。莉兹在以色列特拉维夫长大，移民美国之前曾在当地部队服役。在我们的一对一会议中，她说话果断，带着一种我一直向往的与生俱来的轻松感。当下我就认定她是值得背书的人。但为什么像她这样的人需要我的帮助？

事实证明，莉兹在会议室之外非常自信，但在一群人面前，尤其是在分享一个新想法时，就会汗流浃背。"我的声音变小了，信心也弱了，整个人如退缩逃避一般。"

莉兹做演讲时，感觉自己像是被放在聚光灯下灼烧。我们要做的就是将聚光灯从她身上移开，转向她的想法。创新艺人经纪公司的一位资深经纪人告诉过我，代表别人时，我们往往会更自信地表达。这位经纪人说："这就是为什么我总是更擅长推销他人，而不是推销自己。"这也可以解释，为什么一些在日常生活中安静的人，扮演角色时会变得很强大。詹姆斯·厄尔·琼斯和玛丽莲·梦露都有严重的口吃。但每当摄像机转动起来，他们讲起话来却流畅得无可挑剔。[5]我想知道，是否可以把同样的心态带给身处会议室的莉兹。如果她不是在代表自己，而是代表她的客户呢？

当我与莉兹分享这个想法时，她立刻就接受了。她说："我可以是客户的代理人，而不是营销副总裁。"几天后，她以"代理人"的心态参加了会议。当董事会成员在询问新分析工具的情况，并向她施压时，她冷静地介绍了没有该工具的客户是如何工作的。她说："这就是这位客户现在的工作流程。"

董事会为莉兹的新想法开了绿灯。会后，公司的首席执行官把她拉到一边，说这是他见过的最有效的一次营销演示。如今，莉兹是在大公司和营销协会广受欢迎的演讲者。她的演讲策略依旧没变，把聚光灯从自己身上移到自己的想法上。

或许我和莉兹是偶然发现了"像代理人一样行事"这个想法，

但事实证明这是获得背书的模式之一。当我们为自己之外的某人或某事辩护时，往往会更加主动而热情。

格里格·史毕瑞德里是古嘉公司的联合创始人。这是一家数字娱乐工作室，因于 2004 年总统大选期间制作了视频 *This Land* 而名声大噪。史毕瑞德里进入提案会议室之前，会阅读电子邮件。Kiva 是一家向全球企业家提供贷款的非营利性组织，当组织成员要从新的捐助者那里获得资金时，会在提案前先观看自己资助过的人的视频。这些故事虽然不一定是他们在提案中分享的故事，但这样做可以提醒自己在为谁服务，这样的话，在提案时就可以忘记自己。

我们之前认识的创始人丽雅·索利文在为跑腿兔筹集资金之前曾被多次拒绝。在这之后，她开始通过专注于客户的需求，在提案时保持自信。她告诉我："我只是相信这个想法可以帮助人们。"我在与调查记者罗伯塔·巴斯金交谈时几乎得到了同样的答案，她的报道消除了童工现象，重塑了行业，挽救了生命。

这一切都始于巴斯金看到婴儿食品公司比奇-纳特向新手妈妈分发传单，声称自制婴儿食品对婴儿有危险。[6]当时巴斯金在纽约州锡拉丘兹市的消费者事务办公室工作，她要求对方发送更真实的后续信息，但被其所忽视。她又进一步广泛收集材料，多方面完善方案，以最有效的方式将信息直接传达给人们。巴斯金后来应聘了当地一家电视台的工作。

问题是她没有任何记者经验，也没有新闻学学位。事实上，她甚至没有大学学位。巴斯金纯粹靠不懈的坚持设法参加试镜，但初试的过程并不顺利。她说服电视台再给她一次机会。她虽然拿到了这次机会，但又一次被拒绝了。

这个时候大多数人会选择放弃。但是巴斯金给新闻总监打电话说："雇用我只要付最低工资，等你认为我准备好了，再让我上电视。"新闻总监的怜悯之举无意间为她开启了一段在新闻调查界举足轻重的职业生涯。巴斯金拆穿保险骗局，阻止一家儿童牙科连锁诊所对婴儿进行不必要的根管治疗，从啤酒中去除致癌物质，等等。

她领导了美国广播公司的《20/20》新闻节目和哥伦比亚广播公司晚间新闻的重大调查，赢得了无数奖项。然而，当我让巴斯金分享她的职业生涯以及获得第一份工作所需的毅力时，我真实地感受到这些从未真的与她个人有关。"人们需要了解比奇 – 纳特"。

找到少数真正有热情的人

特雷弗·麦克费德里斯本打算用标准模板向风险投资人提案，但不起作用。他正在找人为人工智能虚拟偶像 Lil Miquela 投资，这个偶像在照片墙上比大多数真人都显得更有人性。但他被拒绝了超过 30 次。在项目上投入了超过 5 万美元后，他的钱用完了，以至于几乎要退出。

就在此时，麦克费德里斯想起了多年前在嘻哈音乐界担任 DJ 时学到的东西。麦克费德里斯，也被称为 Yung Skeeter 和 DJ Skeet Skeet。他曾在曼哈顿郊外的小场地做 DJ，外面围着戴洋基队帽子的俱乐部观众。麦克费德里斯不需要水晶球就能知道观众渴望什么样的音乐，一首 JAY-Z 的歌曲足以点燃全场，人群会涌入舞池。他一首接一首地转换这些嘻哈曲目，人们肯定他，观众们高举双手，经理也称赞他。

麦克费德里斯一直迫不及待地想回到他的公寓。在那里他可以播放自己真正喜欢的东西，那些让他开始想成为 DJ 的东西——浩室音乐。但作为嘻哈 DJ，他已经拥有稳定的追随者和可观的收入，因此他坚持了下去，过着双重生活。对于公众来说，Yung Skeeter 是一位冉冉升起的嘻哈 DJ。但私下里，麦克费德里斯会把这一切都拒之门外，沉浸在浩室音乐中。

直到一个在俱乐部度过的晚上，一切都变了。有一个瞬间，麦克费德里斯决定在嘻哈音乐中播放一首浩室音乐曲目，粉碎自己原已拥有的世界。一开始，俱乐部里的人都以为 DJ 搞错了，等着曲目播完。但麦克费德里斯已经上了瘾，当他播放了更多的浩室音乐曲目后，人群开始愤怒，几乎所有人都离开了舞池。"但有一个人留下了，"他告诉我，"我忽略了所有恼羞成怒的面孔，只与她进行眼神交流。"身穿布鲁克林篮网队球衣的男子辱骂他，还有人要求经理让音乐停下，更有甚者要给麦克费德里斯 200 美元让他改回嘻哈音乐。

麦克费德里斯平息了人群的愤怒，并最终播完了浩室音乐曲目。不用说，那家俱乐部再也没有邀请过他。但没关系，麦克费德里斯觉得他终于做回了自己。他从大型嘻哈俱乐部转移到场地较小、收入较低的室内场所，慢慢开始重建自己的声誉。几年之内，他达到了曾经作为嘻哈 DJ 无法想象的成功水平。他在科切拉音乐节演出，并成为阿泽莉亚·班克斯、史蒂夫·青木和凯蒂·佩里的亲密合作者。

多年后，他从 DJ 转型为科技企业家后，在投资者面前尚一无所获。就在那时，他改变了。风险投资人就像嘻哈俱乐部里那些戴着洋基队帽子的观众。"我又犯了同样的错误，"麦克费德里斯告诉我，"我说的是他们想听的，而不是我自己想说的。"那时麦克费德里斯决定改变赛道。

他没有展示幻灯片，这从来都不符合他的风格。他通常使用与朋友说话的方式进行表达，因为这样做结构化规范性成分更少，自由式表达更多。"我知道我们正在做的东西与你习惯投资的东西不同，"他会说，"但如果我们做对了，就可以改变讲故事的方式。"

但这种方式并不总是管用，就像在嘻哈俱乐部里，有些人很难接受新事物一样。但风险投资公司 Upfront Ventures 的卡拉·诺特曼感觉不同。就像那个唯一留在舞池里的女性一样，诺特曼喜欢直接、新鲜的方法。"我不知道我的合作伙伴是否同意这一点，"她告诉麦克费德里斯，"但不管怎样，我想给你介绍一些人。"

于是，麦克费德里斯出现在科技界最杰出的背书者面前，包括红杉资本。改变提案后的几个星期内，麦克费德里斯从被 30 多名投资者拒绝，摇身一变获得了全球知名投资者的背书。

定制提案与把提案硬塞进一个不合适的模板之间是有区别的。即使硬塞的提案有效，并获得了背书，也几乎总是会引起一系列后续问题。一旦企业发展路线不符合投资者的预期，他们就会选择退出。电影片段在后期制作中被砍掉，就是因为在前期制作中没有形成共同的愿景。研发项目在第二阶段脱轨，就是因为第一阶段没有充分达成共识。

创始人必修的最重要的一课就是，大多数人不会喜欢我的想法，但这没关系，因为我真正需要的只是少数人的喜欢。就像艺术家只需要几个画廊来展示，律师只需要几个合作伙伴来力挺自己的晋升，编剧只需要一个工作室的雇用。

亚当·布劳恩租了一辆3米多高的房车在全国各地的大学校园进行巡回演讲，宣传自己成立的全球教育非营利性组织"希望铅笔"。第一站是俄克拉何马州立大学，该校拥有3.5万名学生。在那里，布劳恩向5个人发表了演讲，其中4个人还是和他一起做宣传的同事。但与麦克费德里斯一样，亚当·布劳恩只专注于一个名叫切尔西·加拿大的学生，就像对着满屋子的人那样热情地对其进行了演讲。当布劳恩和他的团队重新上路时，他唯一的听众已经发起了这一组织的第一个大学校园俱乐部。[7]多年后，"希望铅笔"在全球各地都有分会，但布劳恩的目标依然不变，在每个地方找到一个人，并将他转化成下一个切尔西·加拿大。

我在被前几个投资者拒绝后，认识到总会有更多的投资者。就像总有更多的奖学金计划、政府资助和艺术展览一样。即使在大公司的企业文化中，有创意的人也要多次向不同的部门进行提案推荐，才能找到背书者。一旦找到少数有热情的人，你就不再需要把自己束缚在不像自己会做的事情上了。

放低身段，也拯救了我的创业公司。之前也提到，当时我们的公司正勉强度日，如果我不能快速找到合作伙伴并获得认可，公司将会被迫关闭。作为一款通过苹果手机发布的健康应用程序，我们最想合作的就是苹果公司。可以想象，当我被邀请到苹果公司总部向高级管理人员介绍Rise时，心情有多么激动。在驱车前往库比蒂诺之前，我收到了苹果公司团队发来的一条消息，他们告诉我首席执行官蒂姆·库克可能会到场，他曾说过，"如果我们放眼未来，回顾过去，思考'Apple最大的贡献是什么？'我认为会是在身心健康领域"。

我多么希望能告诉你，这个消息让我充满了热情和活力。而事实正好相反，它让我充满了恐惧。当我把车停在苹果公司总部的停车位时，感觉自己的惊恐症都要发作了。

电影导演经常描述大喊"开拍"之前的短暂时刻，开拍这几秒钟内发生的事情，可能与开拍前的数星期、数月和数年的准备一样具有影响力。这是在采访前大厅里的那一刻，在重要演讲前你办公桌前的那一刻，在你的艺术展览大门打开之前的那一刻。

走进苹果公司总部之前的那一刻，我意识到了一些事情。虽然风险很高，但我将这次提案升级至神话般夸张的程度。提案会议对我就像生死攸关的转折点一般重要。

Reboot.io公司首席执行官兼联合创始人、《重启：领导力和成长的艺术》一书的作者杰瑞·科隆纳曾告诉我，我们感受到的大部分恐惧都是自我引起的。只有当我们直面恐惧，更仔细地审视自我时，才能看到这一点。所以，在演讲开始前的几分钟里，我拿出了一张纸，开始尝试科隆纳教给我的反直觉技巧，具体如下：

我在页面的顶部写道："这次会议会失败。"

然后，我没有逃避这个想法，而是问自己如果失败了会怎样？

"公司就要倒闭了。"

如果发生了，那又如何？

"大家都失业。"

如果发生了，那又如何？

"没有人会想再次为你投资或与你合作。"

如果发生了，那又如何？

"会变得很悲惨，妻子会离开自己，而且会孤独终老。"

而这就是谷底。

现在，你还会认为这样的练习会让一个本就心惊胆战的人感到更加害怕吗？并没有。事实上，它让我看到了这次会议对自己的影响程度有多大。难怪我会惊慌失措，埋藏在我脑海中的想法是，如果这次会议失败，我将失去我的家人。

《时尚先生》杂志的特约编辑A.J.雅各布斯说："如果你能清楚地表达自己的想法，那么你大脑的另一部分就可以审视这些想法。"雅各布斯告诉我，他有时会自言自语，因为"如果我听到自己大声说一些疯狂的话，另一部分的我会说，'哦，那太荒谬了'"。

你越往下列出"那又如何？"的列表，就可以越仔细地审视恐惧的根源，从而解开根本不存在的思想乱麻。对公开演讲的恐惧并非源于搞砸演讲，而是源于我们想象可能会发生的一系列事件。

当我在苹果公司停车场下车时，科隆纳提出的锻炼和调整的方式帮我放下了自我。如果他们不喜欢Rise的想法，我会找到另一个喜欢Rise的合作伙伴。当我通过了几道安全检查走进大楼后，那感觉比我记忆中的任何时刻都更清晰。那次会议结束几个月后，苹果将Rise评为"年度最佳新应用程序"。

The Surprising Truth Behind What
BACKABLE
Makes People Take a Chance on You

第八章
背书者精选访谈

我的目标是呈现一本能让读者快速吸收并立即付诸实践的书，我也希望本书能管用。要实现简洁，最困难的任务就是砍掉几百页的访谈内容，只保留其中一些有用的内容。我们从这些采访中选择了最有价值的片段，为清晰起见，我们进行了少量编辑。其中许多见解虽然并没有成为本书的核心，但仍能够引发我们的思考。

柯尔斯顿·格林——Forerunner Ventures 基金公司创始人

柯尔斯顿·格林是 Forerunner Ventures 基金公司的创始人。该公司已经募资超 10 亿美元，曾投资近百家公司，其中包括早期的赢家，如眼镜电商 Warby Parker、互联网男装品牌 Bonobos 和网红美妆品牌 Glossier 等。她曾多次入选福布斯全球最佳创投人榜单和全球最具影响力的 100 位女性。当我创办 Rise 时，想努力弄清楚如何建立一个品牌，人们总是告诉我"你必须和柯尔斯顿·格林谈谈"。最终我得到了机会。

"风险投资这行要求寻找当下有可能性,且未来有高度确定性的事物。要实现这种平衡,就必须既拥有未来愿景,又具备在近12个月内的实际运作手段,这也是我给项目做背书的条件。"

卡莉·阿德勒:能和我们聊一聊你决定投资迈克尔·杜宾的一美元剃须俱乐部的故事吗?

柯尔斯顿·格林:另一位共同投资人问我了不了解一美元剃须俱乐部这家公司。我回答:"不了解,这是什么公司?"他对这家公司做了一个非常简短的描述,核心意思就是卖便宜剃须刀的网络电商。我说:"哦,那不适合我。"

卡莉·阿德勒:为什么不适合?

柯尔斯顿·格林:我们眼中重要且可投资的低利润产品,需要有基金会、基础设施建设、出色的客户服务水平和品牌建设支持,而低价产品项目通常都是很艰难的生意。更重要的是,这种低价产品的竞争极有可能很激烈。吉列已经是这个行业的巨头,资产负债表很漂亮,营销实力也强,是一个强劲的对手。

卡莉·阿德勒:所以说一开始你根本不感兴趣,那么后来是什么改变了你的这种想法?

柯尔斯顿·格林:具有讽刺意味的是,两天后,也许是3天后,有人在晚宴上向我介绍了迈克尔·杜宾。

卡莉·阿德勒:是偶然认识的吗?

柯尔斯顿·格林:嗯,算是吧。这场晚宴仿佛是一个小小的生态系统,有30个人参加,有投资人也有企业家。晚宴设在2012年

2月的旧金山。当时与迈克尔交谈不到10分钟，我内心深处就有一种感觉："怎么才能给这个人一张支票？我必须和他做生意。"

卡莉·阿德勒：哇！是什么改变了你的想法？

柯尔斯顿·格林：就像你们在书中所写的一样，很有趣，迈克尔用一个很生动的场景描述了这笔生意。正是因为这个描述，才使我对这笔生意有了想象空间。

桑尼尔·古普塔：你对那10分钟还记得什么？

柯尔斯顿·格林：那是几年前的事了，所以原谅我不能逐字重复，我当时大概是这么说的："哦，那么你是在卖剃须刀？"迈克尔立即开始围绕客户讲述故事，表明他不仅了解希望服务的消费者群体，还有一些自己的见解。他了解这个群体的消费在进阶，以及消费偏好是如何发生变化的。他很明确，"有些人购买商品时很有主见，成了更活跃的消费者。大家都会阅读，会从网上获取更多信息。这些信息一部分是关于健康、保健、美容、个人护理，或者其他类别的内容。有两种商品在他们想要去沃尔格林购买时会遇到阻力，其中之一就是剃须产品，因为货架上所有的东西看起来都和过去一样。这些商品不像其他品牌或者产品那样能够与他们互动。有时剃须刀还是被锁上的，所以这进一步说明购买过程中必然存在某些阻隔和障碍"。然后他建议说："整个过程需要在当下的市场和客户背景下进行重新构想。这位客户希望能在像家中那种私密的氛围下，在数字设备上便利地选购，他们希望这些产品能以一种有机连接与自己互动。"

桑尼尔·古普塔：是这次谈话改变了你对剃须刀生意的看法吗？

柯尔斯顿·格林：这与剃须刀无关，而是在于客户，以及对行业内现有商业模式发起的挑战。我甚至不记得是在第一次谈话还是在后续的谈话中提到"为什么要做剃须刀"的。迈克尔说，就某种程度而言，剃须刀是开启谈话的好话题，因为大家都需要用。对于男性而言，如果说大家都在用洗面奶、保湿霜或防晒霜，可能会存在一些争议；但大多数人都需要使用剃须刀，我认为每个男性都有过，或者多次质疑过剃须刀的成本。因此，剃须刀就是一个谈话的引子，后面要引向一个更大的话题——个人的理容习惯。

卡莉·阿德勒：你能在与他谈话的 10 分钟内就知道这些内容真的很不错。这类谈话一般都会如此吗？

柯尔斯顿·格林：这可能不适合写进你的书中，但在我们（风险投资人）之间，很多时候确实如此。很多时候，你知道自己会对什么充满热情和产生兴趣。真的会有人带着你以前从未听说过的东西来找你吗？很多时候，无论是否意识到，其实每个人都有一些偏好。

卡莉·阿德勒：听起来迈克尔把剃须刀这门生意描绘得太美好了，势头强劲到不可阻挡。但是有没有出问题的可能性？这个愿景看起来太宏大，会让你觉得不可信吗？

柯尔斯顿·格林：什么事情都会有出错的可能性，对吧？风险投资这一行要求寻找在当下具有可能性，且未来具有高度确定性的事物。那么这个方向在哪里？必须是你能想象到的，会随着时间推移显露出来的东西。它必须有足够的支持，也有足够的理由相信会有大量人群开始接受和采纳这种方案。要实现这种平衡，就必须既拥有未来的愿景，又具备在近 12 个月内的实际运作条件，这也是我给项目做背书的条件。

桑尼尔·古普塔：你如何平衡或兼顾梦想与现实计划？

柯尔斯顿·格林：这需要刻意而为。一个人推门进来讲出自己的远大愿景。可能会谈论市场的一些趋势变化，注意到某些趋势正在出现，想象未来整个市场将如何发展，以及自己的公司从哪个点切入。然后考虑如何将愿景转化为初期行动。"我们要筹集多少资金，因为我们要做的第一件事是证明我们可以雇用 4 个人，对产品进行概念验证，在市场上进行测试。"接下来是，"我们已经在市场上做了一些测试，得到了早期的客户反馈，我们现在有足够的数据，确切地知道将在哪里直接投入资金来重新包装产品，或者做产品迭代，我们将开始投资营销，投资销售渠道。"这样一来，我就知道你确实有一个愿景，在这一过程中你需要做很多繁重的工作，也知道从起点到终点需要完成的事情，而且你已经考虑过在这一业务阶段自己能证明的事情。

桑尼尔·古普塔：这似乎是所有创始人的演讲大纲。为什么你认为这种格式会很少被用到？

柯尔斯顿·格林：我认为人在过于沉浸在业务中时，很难弄清楚如何安排详略。所以有的提案人最终竟把宝贵的时间花费在了后续对话上，比如回答"这一想法有远见吗？"之类的问题。我认为，可以少分享一些不那么重要的细节。

卡莉·阿德勒：提案人有哪些表现不能获得背书？有没有一些共性错误？

柯尔斯顿·格林：很少有人能展示出自己的全貌。每个想法都有自己的优势，在经营企业和推销企业时依靠这些优势是最合适不过的。但正因如此，有时提案内容会不平衡。有的提案将一个想法以一种非常技术性、功能性、数字驱动的方式提了出来，我可能会觉得所受启发不是太大，或者不相信这位创始人将能够驱动他人去实现这些想法。有时人们过度关注创造性，呈现的几乎全是精美的幻灯片或者宏伟的愿景，缺少与实操相关的内容。作为一名投资人，这些提案让我真正开始思考哪些内容是应该被放在提案文档里的。

桑尼尔·古普塔：你能指导更注重数据的实操型提案人去思考真正的愿景吗？

柯尔斯顿·格林：我认为人是可以被带入愿景，并在愿景扩大的过程中变得更加自信的。大多数情况下这是相当重要的。要在你所提出的问题的背景下设想一个有远见的人，他应该能够捕捉当下发生的变化，并打算通过供应更好的产品来适应变化。这个人能够发现潜在的趋势，然后以一种不明显的方式推动它。这很困难，我不认为我们曾经背书过的人在第一天做提案时就具备这种能力。如果他们表现出了对这门生意的雄心，展现了足够的智慧、好奇心和热情。我可以大胆地相信，他们会在这个方向有更深入的发现，并进一步推进这种愿景。没有人在第一天就知道所有的答案。我在努力了解是否有人会寻找方法，谋求在未来对所在行业产生更大的影响。

彼得·切宁——20世纪福克斯董事长兼CEO

彼得担任20世纪福克斯的董事长兼CEO期间，该公司制作了有史以来票房最高的两部电影——《泰坦尼克号》和《阿凡达》。

彼得为我们讲述了詹姆斯·卡梅隆向自己介绍《泰坦尼克号》这部片子的故事，那是我们最喜欢的故事之一。离开20世纪福克斯公司后，彼得成立了切宁娱乐公司。该公司制作了《遗落战境》和《赛道狂人》等电影，还投资了潘多拉珠宝、体育在线商业网站Athletic以及推特等科技公司。我们从双方的角度分别讨论了如何在不同行业中获得背书。

> "你需要尽一切努力说服我，或者需要有说服我的力量。如果你真的相信某个想法，就要不惜一切代价让我们去实现它。如果你认为我犯了一个愚蠢的错误，就应该及时提醒我。如果你不这样做，那就是你轻易放弃了。"

桑尼尔·古普塔：你的职业生涯是从做图书编辑开始的，这也许是一个很好的起点。你有没有想过自己写一本书？

彼得·切宁：写一本书太难了。

桑尼尔·古普塔：人们每天都在向你做提案演说。我很想了解你喜欢什么类型的想法，或者不喜欢什么类型的想法。什么样的想法最让你失望？

彼得·切宁：任何让人觉得很俗的想法。我的意思是那种到哪里都觉得，"好吧，这有点愚蠢，但说不定有傻瓜会喜欢"。这种想法最能引起我的反感。

接下来让我失望的就是"普通"。人们希望在生活中寻找刺激。人类极具好奇心，没耐心，怕寂寞，而且很容易感到无聊，因此一直在寻找对于他们来说新鲜和能够使他们兴奋的东西，这就是为什么我对"普通"的想法感到很失望。我总是在脑海中想象人们听说新事物时的反应，如果他们的反应是"去过了，做过了"，那就注定失败。

相反的，如果有"哇！那是什么？听起来真奇怪，听起来很刺激，听起来好有趣。或我不想错过这个，我想成为第一个体验到的人"等类似的反应，才是最好的想法。

桑尼尔·古普塔：这是否会让提出想法并做提案的人陷入困境，因为最夸张的想法往往也是最难推销的？

彼得·切宁：当然。但那又怎样？它们当然是最难的，但根据最困难这个定义，这类想法是最令有创造力的人和优秀的企业家感到兴奋的。推介那些真正困难的想法的最简单方法就是将自己的兴奋表达出来。你需要想办法说服其他人，让他们知道为什么它令你如此兴奋，并让他们也感到兴奋。

桑尼尔·古普塔：热情在提案报告中扮演什么角色？显然有一部分人很愿意显露自己的激动情绪。但如果你不是这类人怎么办？如果你性格很安静，但你有大胆的想法该怎么办？

彼得·切宁：我现在已经相信热情是一种非凡的、极具感染力的技能。父母能做的最好的事情就是以一种对万物充满热情的方式去抚养孩子。我也认为不同的人做提案、销售和展示自己想法的方式各不相同，人必须诚实面对自己。

人们有时会说"我有点害羞，所以不擅长做销售"我觉得并不是这样。我不认为所有的销售人员或提案人都需要绝对外向的性格。一个最有说服力的状态就是保持真实的自我。如果你非常善于分析，那就可以通过分析你相信某件事的原因，来展现自己的说服力。当然，如果你同时是一个极其热情且怀有热忱的人，那就最好不过了。

安静的人在真诚表达时最有说服力，无论你信与不信，我就属于这种人。很多不太合群的人认为，"我的性格做不了销售"。但一般来说，最有说服力的销售人员或提案人，都是那些非常真诚、体贴的人，他们会想尽办法表达为什么做某事会让他们感到兴奋。

桑尼尔·古普塔： 这很有趣。你不认为自己是个外向型的人，而你所从事的行业似乎需要天生外向的人。你是在职业生涯早期学习过如何在工作场合给自己找到一席之地吗？

彼得·切宁： 我不太确定。我认为自己对所信仰的事物有着真正的热情，并且我认为自己学会了如何表达这种热情。例如，我从来没有对任何人以胡说八道的方式来表达自己的热情。我一直试图诚实地说明我为什么相信它，或是说明我认为它的风险何在。我认为诚实是最令人信服的，因为人们会觉得，哇！他们不是在胡说八道。当人们觉得别人在给自己做推销时，往往态度会有点防御，想要进行自我保护。我所说的真诚，部分指的是愿意说，"这个想法真的很冒险，我可能错了，但这就是我喜欢这个想法的原因。这样做可能行不通，而采取别的方式就会奏效"。这样做你就可以建立可信度了。

没有人会说："天哪，这是有史以来最伟大的想法，我向你保证它会奏效。"这种通常是最糟糕的提案。我发现自我意识真的很有趣。我们现在谈论的是投资，我们描述企业家的方式是，"他有点自大，有点像骗子，但我们喜欢他的地方在于他有很强的自我意识，而且他并没有试图把自己不懂的地方假装得很懂"。最终这就令人信服了。

卡莉·阿德勒：这是在成功的提案中经常出现的情况吗？能在自我怀疑、自我意识和自我贬低之间保持平衡？

彼得·切宁：对，这会让我觉得提案人不是在跟我胡说八道。这虽然与怎样做提案无关，但我认为这是我学到的非常好的一课。以《泰坦尼克号》为例。当我同意制作之时，这部电影就是有史以来制作费用最高昂的，所以我已经在解决风险的路上了。我答应制作这部电影，预计用1.1亿美元或1.15亿美元完成，但制作费用就超出了1.1亿美元的预算。所以我们超预算的程度也比以往任何一部电影都要夸张。当时我担任制片公司的董事长兼CEO，直接向鲁珀特·默多克汇报工作。在这一过程的早期，我养成了一个习惯，那时鲁珀特住在加利福尼亚州，他的办公室就在我对面的大厅里。每当听到坏消息时，（几乎每个星期都能听到损失三五百万美元的坏消息）我就会跑到大厅告诉他。

我会说："看，这就是刚刚发生的事情，这是它发生的原因，这是我们计划要做的事情，我不确定计划是不是会奏效，但我觉得这是正确的。"事实证明这种做法非常有效，因为他从不觉得我试图向他隐瞒问题。他总觉得我对问题非常坦诚。我不是说："天哪！我不知道该怎么做。"而是说："这就是我认为应该做的。"我没有说："我知道所有的答案。"因为显然我并不知道。

卡莉·阿德勒：你为什么认为这种方法有效？

彼得·切宁：我认为自己解决问题的方式为我赢得了非常高的可信度。我总是对工作人员说："不要担心没有好消息。好消息会自动上门。我想立刻知道的是坏消息。"从某些角度来说，大家会以对于坏消息的开放程度和坦诚程度来评判一个人。你对待坏消息的态度很坦诚，我就相信你，我会成为你最强有力的背书者；你对我隐瞒坏消息到一定程度，我就会不知道自己怎么才能支持你，因为我不太可能相信你了。虽然这不是一个贴切的类比，但我认为类似的情况经常发生。在提案领域，这就关乎某人的可信程度。

对于风险投资来说，人们无论何时想要认同一个想法都是在冒险。如果你能建立个人信誉，就会消除一个巨大的障碍。愿意面对风险、坦率地看待风险、判断风险、提高对风险的关注程度，能帮你赢得个人信誉。我相信表达自己对某件事感到紧张和担忧是非常具有说服力的。因为这表明此人深思熟虑，态度开放又坦率，不会不负责任地说一切都很好。实际上，这克服了一个巨大的障碍，因为如果你没有克服这一障碍，接受想法的人就必须自己做所有的工作。他们真的了解风险吗？我能相信他们吗？他们真的对自己诚实吗？他们是适合共渡难关的好伙伴吗？

这是很多销售人员并没有真正考虑过的，坦率和谦逊以及诚实地说出担忧，会让人觉得非常可信。而最终，任何想法能够得到背书都与可信度有关。

桑尼尔·古普塔：所以，当詹姆斯·卡梅隆向你推荐《泰坦尼克号》时，你在他身上找到这种特质了吗？

彼得·切宁：吉姆（此处指詹姆斯·卡梅隆）具有真正伟大的电影制片人的全部特质，有一种令人难以置信的自信。任务如此艰巨，你必须要足够自信。他并没有说："天哪！我们可能超出预算1.1亿美元。"他对自己有信心，相信自己可以解决这个问题。我记得《泰坦尼克号》的提案真的很有趣。从多种意义上来说，这是我参与过的最令人难忘的提案。吉姆来到我的办公室，我们坐在沙发上，中间有一张咖啡桌。关于《泰坦尼克号》，我们大概谈了 3 个小时，其中超过 6 成的时间是在谈论历史事件，只有 3~4 成时间是在谈论电影本身。

他对这艘船了如指掌，着实令人佩服。例如，如果你是头等舱的女性，你有近乎 99.9% 的生存机会。如果你是一名男性，你有大约 30% 的生存机会。船一侧的人，我忘记是左舷还是右舷，比船另一侧的人存活的概率高出大约 40%。主要是因为这一侧的逃生工作组织得很好，放救生筏，井然有序地安排逃生者撤离游轮，而另一侧则完全陷入了混乱。

桑尼尔·古普塔：当你面对一个并不会立即认可的想法时，提案人需要做些什么来改变你的想法？

彼得·切宁：他们要靠可信度让我信服，我能相信他们吗？我以前经常对那些从事创意工作的人说，如果你有一个好主意，我拒绝了，公司不做，那是你自己的错，是你让我拒绝了一个好主意。你需要不惜一切代价地说服我，或者采取相应的努力。如果你真正相信某个想法，就要不惜一切代价地让我们去做。

桑尼尔·古普塔：会有人因为坚信自己的想法而直接反对你吗？

彼得·切宁：可以和你讲讲关于《X 档案》的事情。当时我完全搞不懂那是什么，我认为这是我听过的最愚蠢的一个想法。当时的电视剧部门负责人鲍勃·格林布拉特是一个非常值得信赖的人，我很信任他。他不是一个什么都相信的人，总是和我争论，一直说："看，我认为你错了，这是我认为你错的原因。"

我认为要尝试建立这样的一种辩护制度：既要有人真正相信提案人的想法，愿意为这个想法而战，并愿意考虑提案人在其中的立场，还能因为他人的想法更好，而愿意放弃自己的想法。

所有这些事情本质上都是主观的。你在下注，所以没有客观标准。坦率地说，大多数创业公司都是如此。所以你希望建立一个能测试两件事的系统。第一，要测试思考的严密性。他们真的认真考虑过了吗？他们能回答你的反对意见吗？他们对你的反对意见持开放态度吗？他们有兴趣听反对意见吗？第二，要测试他们的热情。他们真的相信自己的想法吗？他们真的愿意为之奋斗吗？最后能打动我的往往是那些这两者都做得最好的人。

桑尼尔·古普塔：如何测试一个人的热情？

彼得·切宁：你告诉他们，"这是我听过的最愚蠢的想法"，然后看看他们的反应。你需要创造一个能够让他们直言不讳地互相支持的环境。

没有人能在所有事情上都是对的。你想要的是考虑周全的人，他们会接受他人的意见，为自己所相信的事情而奋斗，会说服你相信他们，并持续为之奋斗、不断推进。要让他们对那些不相信的或者无法坚持的事情说："也许你是对的。也许我应该放弃这个想法。"

桑尼尔·古普塔：《X 档案》就是这样吗？

彼得·切宁：鲍勃·格林布拉特在未经我同意的情况下订购了剧本。我说："这是个愚蠢的主意，但是去做吧。"剧本过来后，我读了就说："这太荒谬了。我完全看不懂。"我们曾为此争论不休，他比我更热衷于此。我非常信任他，我认为他是很聪明的年轻人。

最终，我说："如果你这么相信它，那就去试试吧。"我没有承诺他做整个系列的剧集，只承诺他做第一季。

然后试验剧集做好后，我仍然没有理解它的剧本内容。但每个人都喜欢看，所以在这一点上我既开放又好奇地说："这里面有点东西，因为其他人似乎都喜欢。显然是我错了，应该播出这部剧。"看这部剧集的人变得越来越多，这更证明了他是对的，我是错的。这正是我想要建立的系统。

桑尼尔·古普塔：我们不断强调相信的重要性。但是你押注的想法是全新的。当没有太多证据表明想法可行时，如何提供切实的依据？

彼得·切宁：那就要把两种截然不同的事物结合在一起。你的信念应该完全是分析性的。应该是这样的：你已经完成了商业计划，并认真考虑过市场，且真的对市场有好奇心，做过一整套分析性工作。然后还有一整套完全相反的东西，它们本质上是一种直觉。我希望被感动，期待能让我感到兴奋，有情感又很炫酷的东西，要让我觉得这是我听过的最酷的事情。"看，我已经分析了为什么这是一个值得背书的想法，但归根结底我就是太喜欢了。我觉得这太酷了，很令人兴奋。"

桑尼尔·古普塔：你说过大家都低估了创造力的重要性，因为这其中的个人投入是疯狂的。你对想成为企业家或大机构领导者的年轻人有什么建议？

彼得·切宁：我在哈佛商学院做过一次演讲，我对他们说的是："不幸的是，你的一生都被训练去做两件事：听话和取悦成年人。"

这就是我们现在教育体系的基本内容：按照老师的吩咐，乖乖听话，按时交作业，好好学习，备考，想办法讨好一帮"权威"的大人。现实世界中的成功恰恰相反，它需要有颠覆性，要勇敢，愿意为自己的信仰而奋斗。破坏是服从的反面。如果你上过哈佛商学院或者类似的地方，可以过上完美的小日子，但不会成为你真正想成为的"本垒打"大赢家。要弄清楚如何真正为自己的信仰而奋斗。愿意颠覆，愿意接受不受欢迎的想法，愿意承担巨大的风险，我认为这些是大学生真正需要开始思考的事情。

我认为这才是教育体系所面临的真正挑战。我认为，这些孩子从七八岁到高中毕业进入大学期间被逼迫在做的事情，并不是对他们最有价值的，最能帮助到他们的。最有价值的工具是不同的思考方式，是敢于承担巨大风险的能力，以及大胆、富有想象力的特质。

桑尼尔·古普塔： 是的，彼得，也许你应该写一本关于这方面的书。

彼得·切宁： 有家商学院的院长告诉我，应该把这些观点写成一本书。我也这么认为。

亚当·劳瑞 —— 美方洁创始人

亚当创立了设计师清洁品牌公司美方洁，后来他将这家公司卖给了美国庄臣公司。而后，他与人共同创立了生产植物乳蛋白饮品的 Ripple Foods 公司。亚当是第一批意识到要为想法营造不可或缺氛围的人。世界正在发生什么，如何给自己的想法做适配？就像许多案例一样，美方洁的故事起源与结局大不相同。

"筹集资金对于美方洁来说真的很困难，因为行业属性、资金紧张，整个经济刚刚从严重衰退中复苏。消费品不再流行。但我们想尽一切办法去筹资。最终，我们通过一笔又一笔小额资金，凑足了做生意所需的资金。"

卡莉·阿德勒：美方洁与其他产品投资方案的策划有何不同？它有哪些特质值得背书？

亚当·劳瑞：美方洁的创作理念是围绕设计和可持续性两个方面进行融合。我们非常关注家庭生活方式，而且已经发现，人们的家庭理念与所使用的清洁用品之间存在很大的差距甚至完全脱节。人们为了更体面地操持家务付出过很多努力和思考，但家里依然满是有毒的化学物质，需要收好，以免让儿童因接触到而受到伤害。

我们想让清洁产品成为家居饰品。比如可以放在台面上成为家装的一部分。洗洁精每天有 23 小时 45 分钟都被放在厨房的操作台上，而使用的时间通常只有 15 分钟左右。这些清洁用品应该适合不同的家装风格。

卡莉·阿德勒：在做清洁产品的设计品牌时，有哪些地方让你和背书者都认为是不可或缺的？

亚当·劳瑞：这说起来有点难，因为这真的是太久之前的事情了。但当时，像 Restoration Hardware、艺术家具 Pottery Barn、威廉姆斯－索诺玛这样的品牌，都在大踏步前进。当时人们所看到的"设计"的专业化，基本上就是在日常的生活空间里摆放一些优质的产品。

我们当时看到了这背后的消费趋势，而这恰好与经济衰退同时发生。2000年互联网泡沫破灭，人们的日常活动出现了回归家庭的短期趋势。人们说："好吧，既然经济没那么好，那么我减少外出用餐的次数。但我会用家里的东西来满足自己。"家居生活风格的长期转变和短期经济因素的推动都是其中的原因。媒体上也开始宣传这种趋势。生活时尚杂志《真实简单》开办了家居专栏。各种文化指标都显示出消费者当时的心态确实发生了变化。

卡莉·阿德勒：你发现这种转变正在发生，那么你是如何向投资者描述的？

亚当·劳瑞：我们将它作为家庭生活方式来讨论。我们有一本很早就在使用的品牌手册，甚至在我们真正进行商业提案之前就已经开始使用了。它是在清洁领域内具体化了这种创建生活方式品牌的想法，而这显得很激进。人们的反应是，"你到底在做什么？清洁产品就是强调清洁效果和鲜艳的包装"。而我们带来了一种更柔和、更偏生活化的想法。

桑尼尔·古普塔：这是我第一次听说用于投资者提案的品牌手册。你认为怎样才算一本好的品牌手册？你的手册里有什么内容？

亚当·劳瑞：想想类固醇的品牌风格指南。它基本上阐明了正在面临的宏观趋势。我们设想这是一个将会发展起来的细分市场。从消费者的角度看，这个市场会以消费为导向。我们看到这些趋势有心理学和文化基础。我们设想，这为家庭清洁领域创造了机会，因为它能带来变化和进步。这些都发生在你的家中，是你放在家里的东西，是你周围的物品，是你会在美容院里放在身体上的东西。

后来我们推出了一个品牌。当时，很多人也在说："你们这个品牌将与清洁剂品牌 Kaboom 大不相同。不是一个只关乎清洁效果以及三四股液体喷射出来的分屏电视广告。这是一个非比寻常的品牌主张。"我们阐明了美方洁品牌的理念以及品牌名称含义，表明我们的品牌更注重科技。这是一个最初的品牌理念，使用可持续的绿色的化学物质，是一种非传统的无毒的方式，是家居生活的一部分，这是人们短期内真正关心的事情。

卡莉·阿德勒：很多人推出品牌会直接进入竞争格局和差异化发展阶段，而你为什么要从宏观趋势入手？

亚当·劳瑞：对于很多企业家来说，一切都与产品有关，然后才开始尝试以什么策略将产品转变为一门生意。我们反其道而行之。我们一开始就意识到事情会发生变化，会出现一个巨大的机会。如果我们的业务单元比汰渍多，我们就永远不会赢得宝贵的商机。

卡莉·阿德勒：你的提案想法听起来是以设计为主导，而不是以可持续性为主导，这是为什么？

亚当·劳瑞：在项目早期，受限于当时的商业环境和文化，我们不得不隐藏想法中的可持续性部分。绿色清洁细分市场都是些朴实又小众的品牌，在当时是一个非常小的细分市场。如果你将它定位为"我们将重新定义绿色清洁"，实际上整个市场就不会达到足以让投资者感兴趣的体量。96%的人不会选择购买绿色清洁剂。我们的愿望是让大多数人用一种恰巧能实现可持续性的产品来满足自身的需求。

卡莉·阿德勒： 做出暂时不宣传自己的品牌具有可持续性的决定很难吧？但这对你来说很重要。

亚当·劳瑞： 不，这并不难。这一决定既具有战略意义，又具有哲学意义，而且是一种个人化的哲学。我不认为应该将可持续性作为一种营销定位。可持续性就是好的产品质量和公司的优质程度，仅此而已。要么是做到了，而且做得更好，要么就是没做到。

如果我们正在从一个大多数事物都不是可持续设计的世界向一个一切事物都是可持续设计的世界过渡，那么说"我们生产绿色产品"就不是一个差异化的立场。我们从来没有在包装的正面放一片绿叶，或者称其为"生态星球"。因为当每个品牌都生产绿色产品时，你的差异性就无法体现了。所以，对我来说，产品的可持续性只是产品质量的一个方面，这一点非常重要。我们有责任尽己所能做到这一点，并且比任何其他品牌都要做得更好。

桑尼尔·古普塔： 你能不能讲讲早期筹集第一轮资金时的情况？

亚当·劳瑞： 2001 年末，我们的设想是 20 家门店，但传统供应链的供应商不愿意搭理我们这两个在旧金山做清洁产品的穷小子。有一次我们的银行账户里只剩下 16 美元，还欠供应商 30 万美元应付账款。我们没有钱付给供应商，所以他们说："好吧，我们不会再为你们生产任何产品了。"

筹集资金对于美方沽来说真的很困难，因为行业属性、资金紧张，整个经济刚刚从严重衰退中复苏。消费品不再流行。但我们想尽一切办法去筹资。最终，我们通过一笔又一笔小额资金，凑足了做生意所需的资金。

桑尼尔·古普塔：从很多方面来说，你们遭到的质疑是有道理的。两个 20 多岁的年轻人也没取得过太多业绩。你是怎么说服他们的？

亚当·劳瑞：这是多种因素的结合。我们面向商店做销售，很多时候只是在进行大量对话。能得到面试机会是因为我们极其热情，愿意承诺，并且有技能。在做这门生意之前我是一个气候科学家，跟这门生意怎么可能有关系呢？谈话过程有些时候是让他们相信外部视角实际上是做这个项目的优势而不是劣势。现实情况是，大公司通常对这种类型的创新视而不见，因为它们不考虑需要得到满足的细分需求，而这类产品永远不会以需要得到满足的需求的形式出现。局外人的观点和战略执行不是一种劣势而是优势，这才是我们与利洁时集团的杀菌消毒家居清洁品牌 Lysol、玻璃清洁剂品牌稳洁和厨房清洁剂品牌 Fantastic 的本质差异所在。

卡莉·阿德勒：你后来创办的新公司 Ripple Foods，在做一种植物乳蛋白饮品。你是如何让消费者理解这个想法的？

亚当·劳瑞：人们不可避免地向更多以植物为基础的饮食习惯过渡或转变。而且大多数人并非只吃植物，也不是所有人都是严格意义上的素食主义者和普通素食者，而是弹性素食主义者，这些人不想为了这种选择而牺牲掉营养和口味。

因此，我们的提案与 Ripple Foods 的宣传非常一致，即世界正在变得越来越植物化。如果我们要抓住由此产生的种种机遇，包括环境问题日益严峻、人们越来越注重健康管理，我们的产品在口味和营养上就必须与普通乳制品一样出色。这就是我们建立 Ripple Foods 业务的基础。

桑尼尔·古普塔： 如何让人们相信你所做的事情切实可行呢？

亚当·劳瑞： 清洁领域的品牌有一个共同点。每一个清洁品牌都非常注重解决问题。稳洁的清洁剂是用在无条纹玻璃上的对吧？这与生活方式无关。几乎所有的清洁品牌都强调自己的成分。杏仁微风（现名"蓝钻怡仁"）是品牌名称，噢麦力也是。但是成分总是先流行，然后过时。因此，我觉得基于成分来宣传品牌并不是一个长久的策略。当杏仁不再流行时，杏仁微风会做什么，它们现在就面临着这种情况吧？

我真正想做的是围绕空间内的重要事物创建一个品牌。比如 Ripple Foods 这个品牌，名称中并没有突出成分，我们不会将成分作为促成消费者购买产品的理由。我们想提倡一个更持久的主张，用以解决清洁类产品长期发展的问题。创办企业不是三五年的事情，而是一个长期的承诺。

蒂娜·夏基 —— 美国公共电视网董事

蒂娜·夏基是互动村和无品牌跨境电商 Brandless 的联合创始人。她曾担任宝宝中心的全球主席和集团总裁，领导过美国在线的多个业务部门。她还是芝麻街工作室数字部门的前总裁，2021 年时任美国公共电视网和美妆订阅盒公司 IPSY 的董事。她能发现被大公司和初创公司认可的值得背书的特质。她还为我们创造了"真正实现'纸上谈兵'的'人类学者'"一词。

"深刻的同理心是一个关键的因素。要发挥同理心，而不仅仅是观察。观察得到的只是数据，但同理心实际上是与他人同行，这不仅有助于了解痛点，还可以了解他人的生活方式。"

桑尼尔·古普塔：我采访过的大多数背书者都说自己在寻找信念。你怎么看待信念？人是不是必须要先说服自己？

蒂娜·夏基：信念很重要，这是百分百正确的。任何类型的背书者包括选民和领导人，都需要在背书对象身上看到这种品质。这种首先说服自己的想法就像一次信念之旅，你是如何走到这一步的？是什么驱使你渴望去做这件事，去不畏艰辛解决问题，去完善办公软件系统，去做任何你想做、想建造、想表达的东西的？

桑尼尔·古普塔：你对此是怎么理解的？你看重什么品质？

蒂娜·夏基：我要找的是在这个领域有经验的人，可以是个人经历方面，也可以是专业经验方面。此外，这个人还要热衷于解决集体问题。然后，对于为什么要解决这个问题或拿下这次机会，为什么他们才是合适的团队，要有一个基于事实且有极强说服力的回答。最后就是，为什么要现在做这件事，为什么在此之前没有人做？

桑尼尔·古普塔：这就是新人和新想法所面临的困难。因为一方面，这些没有业绩的人所拥有的新想法，最终会改变世界。而另一方面，这些似乎也是最难让人下赌注去搏一搏的，因为这些人没有任何背书，而新想法天生就有风险。

蒂娜·夏基：新人不需要证明这些，不需要有做过这些事情的经验。你只需要确信这些新人具备应有的东西。他们看到了别人看不到的，拥有了别人所没有的。你需要相信，他们能解决其他人无法解决的问题。

桑尼尔·古普塔：你刚才提到了"信念之旅"这个概念。你是怎么看待它的？毕竟你曾在不同的项目中工作，经历过各种不同的情况。

蒂娜·夏基：我喜欢解决问题，致力于让事情变简单，发现消费者行为和社会规范的巨大变化。即使企业最终在经营部署的过程中融合了这些变化，这依然与人们的行为习惯、参与方式和消费模式有关。人就是人。我是一个能真正实现"纸上谈兵"的"人类学者"。我喜欢研究人和文化以及不同的生活方式，还有不同代际之间的行为变化。我研究这些变化如何引发消费群体和行业领域在全球市场产生巨大变化。

桑尼尔·古普塔：你能举一个例子来说明吗？

蒂娜·夏基：麦片市场是一个不错的例子。这个市场很广阔，全球消费者都在购买，还有生产、分销麦片的大型上市公司。然而现在麦片销量直线下滑，人们不再像从前那样爱吃麦片了。麦片公司正在想尽办法找回顾客。麦片的成分被认为是导致这一现象出现的部分原因，麦片里有糖，还有麸质。但我不认为这是人们不吃麦片的原因。人们不吃麦片，是因为我们已经习惯了只把麦片作为早餐食物，对吧？以前，吃早餐麦片时，人们会拿出碗，先倒麦片，后倒牛奶，再拿一把勺子，然后坐下，读着麦片盒子背面的文字。你甚至可能还记得小时候阅读麦片盒子背面文字的场景。但是今天，人们吃早餐只用一只手，因为他们要玩手机。他们可能不用倒牛奶，也不需要将任何东西放入碗中，甚至不用坐在桌旁。他们很可能在打电话，只有一只手空着，同时还想要出门。

我不仅要弄明白为什么这个机会能存在于世，这个解决方案、产品、服务能填补市场空白，还要弄清楚为什么是现在。我们在那些欣然接受变化的人身上能看到了些什么？那些已经做出改变的，还没有被大家追上的人能让我们看到什么？我必须确信，不仅能做出比已有产品更好的产品，而且这些产品即将被广泛应用，人们都很期待。

桑尼尔·古普塔：所以真正的信仰是由两大因素组成的，即广泛应用和对产品的信心。某些情况下，产品可能很好，但是没有找到人们愿意使用的迹象。寻求背书的人必须展示些什么？能够帮助提案人取得成功的幻灯片是怎么让人确信这一趋势是来势汹汹且无法逆转的？

蒂娜·夏基：我会想看到真实的数据，看到那些能反映产品市场变化、体现消费行为变化和市场空白的具体数据。

桑尼尔·古普塔：好的，请举一个基于不可逆转的行为变化而诞生的公司的案例。

蒂娜·夏基：比如线上租衣平台 Rent the Runway。我认为社交媒体是 Rent the Runway 的一个主要推动力。你会问："等等，社交媒体和租衣服有什么关系？"但是如果你了解社交人群需要有共同的话题进行讨论这一潜在的心理因素，那么你就会了解租衣服与社交有着莫大的关系。社交达人总喜欢上传自己的照片，这就是社交货币。他们甚至都不用为照片配文字，服饰变化就能成为谈论的话题，而且人们都不想总是穿着同样的衣服。现在 Rent the Runway 最大的增长来自日常服装的出租而不是礼服的出租，原因可能是人们买不起礼服或公司老板刚刚开始创业。租衣业务保持了衣橱的可持续性，人们不会买穿不了几次的衣服，但是由于社交媒体的存在，人们总是在频繁地更换自己的衣服。社交媒体就是驱动行为改变的关键因素之一。

桑尼尔·古普塔：这真的很有意思。那你是如何指导人们提出值得背书的想法的？

蒂娜·夏基：我自己就是在创造想法，在与创始人或团队成员合作时，我会经常说："坐上直升机，俯视这个问题或机会，观察还有什么条件正在发生变化，这些变化可能与想法发生什么关系？它有可能对想法产生积极或是消极的作用。"

仍以租衣业务为例，它不仅使得人们的衣橱变小了，也使人们不再需要购买穿用次数少的或是买不起的衣服。而这更与一个现实情况有关，那就是因为有了社交媒体的消息推送，人们不愿再穿着同样的衣服重复出现。而且人们在气候变化这个大背景下，非常关心过量生产和过度消费及消费主义所产生的影响。大家都希望能在推动可持续发展中发挥作用。而循环经济和租衣业务为人们提供了参与解决这些问题的途径。

桑尼尔·古普塔：似乎每个幻灯片报告都要具备上述两种基本特质，你会怎样表达这两种完全不同的东西？

蒂娜·夏基：这需要人们具有一定的洞察力，能够发现市场变化所引起的行为变化。比如，单于吃早餐并不容易被注意到。以设计的思维去思考时，不仅要考虑销售的产品，还要考虑产品的使用场景、市场的环境，以及消费习惯的变化。我一直很欣赏人类学研究，因为被研究群体讲述的通常不是实际生活情况。但如果去观察他们在家里和办公室里的实际生活状态，研究人员就会恍然大悟，并找出真相。

桑尼尔·古普塔：我们做研究时听说了很多对练习提案方面的建议，以及如何获得对提案的真实反馈。你不会只想听到别人说："这是个好主意。"

蒂娜·夏基：我真的很想听听反对意见，以及那些说"不"背后的原因。我不希望过度排练、润色自己的提案，那样就不能给反对意见留出空间了。反对意见比称赞更能让我学到东西。称赞很容易获得，但如果你有机会与其他行业或领域的人在某些场合相遇，一定要倾听他们的想法。倾听并不意味着你要接受他人的所有意见，或者你应该对所有情况都有答案。应倾听他人提出的问题，询问他们为何会有如此想法。特别爱钻研又有经验的人只会执行自己的想法。而我认为，如果一个人只是一味地执行自己的想法，就不会真正倾听他人的意见。

桑尼尔·古普塔：我之前听你提起过。积极倾听是做提案的关键。

蒂娜·夏基：是的，这并不是要求必须有答案。我认为应该把问题写下来，然后向自己或团队做个汇报。不必回答所有的问题或反对意见，但要确保理解到位，因为其中有很多如宝石般值得关注的信息。通常人们提出的很多问题和反馈信息都是有益的，但大都被忽略了，这非常可惜。

桑尼尔·古普塔：我还是第一次从战术层面了解这种洞察力的重要性。我要把所有的东西都记下来，包括提出问题和反对意见，这样一来就能摸索出一些方法吧？

蒂娜·夏基：是的。而且要注意肢体语言，因为这在提案的早期阶段非常重要。要在每一个人都做到信息同步之后，再推销自己的想法。通过创建一个共享数据集，建立起联系，这样大家就可以先达成一致，再推销自己的想法。能把这件事做得很好的人都能将提案完成得很自然。

你的提案内容是销售个人营养训练，而这是人人都想要的产品。但是人们认为你卖得太贵，他们找不到合适的人一起训练，或者说找不到能配合自己推进计划的人。此时此刻，在描述的过程中，你就与听众建立了联系。听众会在就某一事实达成一致的基础上，继续听你的提案内容。

桑尼尔·古普塔：这个办法适合所有听众群体。

蒂娜·夏基：有关于此的事实无可辩驳，大多数优秀的政治家都会使用这一方法。人人都想少纳税，人人又都想要得到更多的社会医疗保障。要从普遍的需求与愿望开始谈将要解决的问题。

我们谈到了 Rent the Runway，通过这个例子，我让你认同了我的观点，那就是目标受众是照片墙的用户，他们喜欢大量地分享照片。智能手机能做到很多事情，照片是一种新的通用语言，而这些都与礼服无关。但我们就社会的现状达成了共识。当我们同时身着礼服时，就证明我已经让你认同了我的看法。这不是操纵，只是陈述了观察结果。当我们举麦片的例子时，我从人们早上如何使用智能手机开始，无论他们是在读电子邮件还是看新闻，手都被占用着，你认同我的这个看法，因为这些都是事实。这就是把意见相左的人拉到同一个阵营的方法，即让桌子另一边的人和你站在同一边。他们可能尚未同意这个想法，因为你还没有清楚地告诉他们，但你们已经在引导想法和观察结果的过程中达成了一致。

桑尼尔·古普塔：普遍真理与我们之前谈论的行为观察之间有什么关系吗？

蒂娜·夏基：我认为要从普遍真理谈起。我假设95%的美国家庭拥有手机，这是一个普遍真理；观察结论是人们每天使用手机达到x个小时，这些都是事实。在得出人们用一只手吃早餐这一结论之前，你已经先接受了这些事实，也就是普遍真理。这就建立起了联系，使大家同时处理相同的信息。

桑尼尔·古普塔：好的。那么我可以说95%的家庭都有手机，人们每天使用3个小时手机。大家都点头表示同意。然后我就可以把这我所观察到的现象上升为一个结论。

蒂娜·夏基：谈谈20世纪50年代、70年代、90年代，以及21世纪第一个10年、10年代和20年代典型的家庭生活，就可以做成一个幻灯片，反映一个家庭的标志性事件。我们可以看到核心家庭成员都一起坐在餐桌旁吃早餐，妈妈穿着围裙，爸爸喝着咖啡，孩子们吃着麦片，都很乖，都很完美——这就是20世纪50年代。然而今天，孩子们独自吃饭，父母都有工作，核心家庭的故事终结了。解释了这个情况，大家就会与你达成一致。然后开始谈论是什么样的行为变化让你想在早餐市场发力。如果有人想知道为什么要谈论家庭行为在不断变化，那么这很明显，早餐是美式饮食的中流砥柱，我们需要看看早餐是如何变化的。因此，如果我们要开一家新的小吃店或其他什么，我们可以把它做成一个早餐吧。因为我们已经确定了有这个市场空间，早餐吧就是我们当下生活中的"麦片"。

桑尼尔·古普塔： 这个故事太吸引人了，如果有人要做"麦片吧"的推荐提案，很有可能开始的几张幻灯片都在讲述与手机相关的内容。

蒂娜·夏基： 也许大多数人不会这么做。很多时候，人们看到我讲幻灯片的速度有多快，就不会再说我的幻灯片页数太多了。我做提案不会照着幻灯片按部就班地讲，因为幻灯片只是一个解释工具，帮助听众同步信息。与听众分享普遍真理和洞察结果是一种很好的方法，引导我们在同一个步调讨论为什么，为什么是现在，是什么发生了变化。接着提案人就必须讲述为什么是我们，为什么是现在。

安迪·邓恩 —— Bonobos 联合创始人

安迪·邓恩是互联网男装品牌 Bonobos 的联合创始人兼前首席执行官。2017 年，他以超过 3 亿美元的价格将公司卖给了沃尔玛。在谈话中，我们清楚地了解到 Bonobos 如何帮助其他公司（如眼镜电商 Warby Parker、可持续概念运动鞋品牌 Allbirds 和美国时尚行李箱品牌 Away）打造互联网驱动品牌。邓恩和他的联合创始人布莱恩·斯帕利被视为第一批"吃螃蟹"的人，当时许多投资者都质疑这条道路的可行性。

"真的不值得谈论从第三年到第五年会发生些什么，因为无论如何都必须先去完成第一年和第二年的事……还是不要花太多时间谈论那些必须先完成现在才能拥有的未来。"

卡莉·阿德勒：我们知道你认识的第一个背书者是美国捷蓝航空董事长乔尔·彼得森，并且是通过Bonobos之前的一个没能成功的项目认识的。对吗？

安迪·邓恩：是的。因为乔尔讲故事很有趣，所以我选择他作为斯坦福课堂项目的顾问。这个项目是从南非进口一种名为比尔通的优质牛肉干。这种牛肉特别好，是南非人在17世纪研发出来的。比尔通牛肉干是用盐、胡椒、橄榄油和香菜腌制，放在带有透明面板的木箱中蒸熟，通过日晒制作而成的。

我花了一些时间研究比尔通牛肉干，大家也都认为这款产品确实会有市场，而且味道测试的结果也很不错。但还是有一个小问题，在美国销售没有煮熟的牛肉并不合法。项目结束时我告诉乔尔："我认为这个项目不能做，原因是……"后来我发现他很高兴，因为尽管我们投入了全部精力，但我还是愿意放弃这个项目。

卡莉·阿德勒：那么你再次带着新想法找到他时又发生了什么？

安迪·邓恩：我找到乔尔，向他提出自己的设想，推销我与联合创始人一起开发的"更合身的裤子"的方案，还搭建了一个由互联网驱动的商业模型，直接面向消费者。那段时间我正在效仿Zappos这种第三方市集，购物和退货都是免邮费的，购买后365天内可以免费退货。大意就是通过互联网直接面向消费者进行下一代品牌的建设，而我们将成为这波风潮的领军者。

我把与乔尔的会面时间都用来和他分享这个想法了，并得到了他的反馈。会议结束时，乔尔总结说："这个想法让我想起了自己和捷蓝航空前首席执行官大卫·尼尔曼的第一次会面。我们将以消费者为中心进入一个停滞不前的行业。我们要去掉中间商。"乔尔用了"我们"一词,这在当时令我非常激动。

我给乔尔讲的故事,以及我决定放弃做牛肉干生意的行为,都让乔尔觉得我值得他背书。我能够放弃一个想法的决定给了乔尔信心,然后我们就开始推进Bonobos。

桑尼尔·古普塔: 放弃这一举动会给背书者释放一种信号的观点很新鲜,我以前没有听过。

安迪·邓恩: 这似乎意味着传统的结论出错了。"永不言弃"是一条错误的格言,应当是"永不言弃,除非须弃"。你能坚持做自己不该放弃的事情吗?轻言放弃的人不值得背书,但是固执己见的人也不值得背书。这就是问题之所在。

桑尼尔·古普塔: 在我看来,你选择放弃牛肉干生意的想法,转而筹划Bonobos,对于乔尔这样的投资者而言,意味着你是一个有信念的人,而正是这一点让他对你充满信心。

安迪·邓恩: 没错。在Bonobos,我们总是在谈论人类的5个特征。我们称之为"核心美德",即自我意识、同理心、正能量、判断力和理智诚实。理智诚实换句话说就是,你的结论有数据支持吗?你有勇气改变主意吗?很多时候,人们很难摆脱曾经的立场,这确实不是人类所擅长的。

"绿色三角"是一项很好的组织行为心理学测验,它把参加测验的人员分成3组,每组受试者拿到"挑战者号"灾难事件的不同数据信息。在斯坦福商学院的组织行为学课上,我是唯一一个真正换过组的人。其实每个人都该换组,因为大家拿到了互相干扰的数据信息。这看起来不是什么大事,但在面对新信息时能够决定改变主意,也是非同寻常的。

说回乔尔。他也知道我拒绝过风险投资公司的工作，这份工作很难拿下，这可能让我更具说服力。当时我几乎没有钱支付房租，还欠了超过 16 万美元的商学院学生贷款。当情况明显不合理时，还有人愿意去冒险，这就是背书者在选择为他人背书时看重的地方。

卡莉·阿德勒： 从男裤起家到现如今拥有整个男装系列，这是你之前规划过的吗？

安迪·邓恩： 乔尔投资后，我还向安迪·拉切列夫做了提案。我很钦佩拉切列夫。他既是斯坦福大学的传奇老师，又是基准资本的联合创始人。提案幻灯片的后半部分有几页，介绍了我们将如何在几年内专注于男裤，然后再打造完整的男装产品。我展示了衬衫、西装、配饰，甚至个人护理产品，描绘了未来 8 年或 10 年的发展愿景。我记得拉切列夫说："等你把男裤做得足够优秀了，再考虑发展衬衫吧。"甚至可能有人讨论过"第一种产品不测试 1 000 万次，都别考虑做下一种。"

成为天使投资人后，我看到了其他创始人过早开始尝试做第二种产品的情形。Bonobos 给我的经验是，在你没有把第一种产品做好之前，没人会在意你的第二种产品。这就是我们专注做大男裤销量的原因。Bonobos 品牌的愿景是打造真正拥有多种产品线的男装品牌，品牌未来的建设核心是打造一种依赖互联网的，具有颠覆性的商业模式。

卡莉·阿德勒： 在做提案时短期关注和长期愿景会产生冲突吗？

安迪·邓恩： 把短期关注与长期愿景结合在一起确实可能会引

发冲突。但具体到对公司的利弊影响，还是要看时机。5年后，我就逐渐看到完整的品牌生态系统浮出水面。我说："让我们打造一个支撑得起整个生态系统的多品牌平台。"然后去向一群投资者做提案。我记得很清楚，有一次我向安德森·霍洛维茨做提案，并讲述了 Bonobos 的故事以及未来的发展愿景。后来我发现，会议的第二部分扼杀了投资者的兴趣，因为他觉得我没有集中注意力。

桑尼尔·古普塔：但是谈未来的愿景确实令人兴奋。第一次与乔尔会面时，你谈到想要成为下一代品牌的领军者。从用行李袋卖合身的男裤，到开创新一代品牌，这中间跨越了什么？

安迪·邓恩：我相信如果你想预测未来，就要回顾过去。2002年，我有幸以贝恩咨询公司顾问的身份在网络服装直销品牌 Lands' End 工作，也见证了这家直接面向消费者的目录购物公司与客户建立良好关系的能力。

我记得走进 Lands' End 呼叫中心，墙上有张字条写着："亲爱的伊丽莎白，非常感谢你在婚礼当天早上叫我起床。我的伴娘睡过了头。我妈妈什么事都能搞砸。非常感谢你给我打电话。祝好，凯瑟琳。"我记得我当时在想："这也太疯狂了。Lands' End 的这位呼叫中心代表与客户之间的关系竟然这么好。"2007年我还在斯坦福大学商学院读书，互联网发展势头迅猛，互联网消费刚刚出现，脸书创办才3年，推特创办才两年，照片墙还没问世，对我而言形势大好。我当时觉得，互联网应该能提供一个更好的平台，而且能更个性化，并且不受限制。

卡莉·阿德勒：事实是否确实如此？

安迪·邓恩：2009年，沃顿商学院的学生来到我们的办公室，说他们要打造一个类似 Bonobos 的眼镜品牌。我记得当时自己在想眼镜品牌真的很难做。但我们很兴奋，我的联合创始人投了天使轮，后来我成了眼镜电商 Warby Parker 的天使投资人。自此，我们见证了直销进化的全过程。能参与这一过程给人的感觉很棒。通过参与旅行箱品牌 Away、美容品牌 Glossier、剃须刀品牌 Harry's 以及眼镜电商品牌 Warby Parker 的天使轮投资，让我感到自己已在这波互联网驱动下蓬勃发展起来的直销创新商业模式中居于领先地位，这股风潮最终会席卷整个消费品零售生态系统。目前来看也确实如此。

桑尼尔·古普塔：就某种角度而言，这和你第一次与乔尔见面时讨论的情况是一致的。

安迪·邓恩：我记得 Bonobos 推出 6 个月后，月销售额达到 10 万美元。凌晨 3 点醒来时，我发现自己睡在如同储藏室般的卧室里，库存的 400 条裤子都放在了我的卧室。我们当时一直在挑选、打包、邮寄，这种状态实现不了工作和生活之间的平衡。我当时醒来后就在想："天呐！我知道一个秘密。我正睡在一个由互联网驱动的男裤零售企业的仓库里，而日后所有品牌都会应用类似的以数据为中心的商业模式。以数据为中心的初创企业会改变每一个品类的业态。而当时却没人相信我。"当时我在纽约碰到的时尚圈人士都是问："你的产品在哪里销售？"答案一般是"巴尼斯纽约精品店，或者布鲁明戴尔百货店"，而我的答案却是"线上"。然后对方就会面露怜悯之色，仿佛在说"真是个失败者，连个经销渠道都没有"。

桑尼尔·古普塔：你现在也在做投资，并给初创者做咨询。

安迪·邓恩：是的，我在 2020 年参与了几十轮天使投资。例如，我最近遇到的一位创始人，他拥有一家非常酷的无毒炊具公司 Caraway。这与我去年和父母一起看的电影《黑水》有一定的关联性。影片讲述了杜邦化学公司如何制造一种名为"特氟龙"的物质，这种物质极具腐蚀性。因此，无毒炊具实际上是一个非常有趣的概念，在新冠肺炎疫情防控期间就流行了起来。我喜欢这位企业家。他很顽强，所以一定会取得成功。但一些投资者却认为这个品类太小众。

桑尼尔·古普塔：这位经营无毒炊具公司的顽强创始人是否有更大的愿景？炊具是否可能只是他愿景的冰山一角？如果这门生意行得通，他还会有更大的发展吗？背书者会想听到这种故事吗？

安迪·邓恩：当然了。可以打造炊具界的下一个威廉姆斯·索诺玛。要给人背书需要经过多方面考虑。我们希望人们把注意力放在第一种产品上，但是还需要有对第二种、第三种乃至第四种产品的愿景。对于这样的品牌，炊具就是拳头产品。但是很多风险投资人缺乏远见，看不到能够在间歇性创新中表现优异的企业家。这很不容易，人们很难知道谁能够取得成功。

卡莉·阿德勒：你会有两条故事线吗？一个是藏在大脑中的，另一个是讲给背书者听的。

安迪·邓恩：我和一位朋友有一个新的想法，我们把它叫作"南瓜派"，其中一个令人兴奋的地方是，我们可以自筹资金创办企业。这位朋友是一个企业家，并且很幸运地在他的两家公司中取得了一些成功。自筹资金意味着不必处理投资者和创业者之间的紧张关系。因为投资者有自己的考虑，他们可能不同意你的愿景。到最后，除了通过实际的创业来解决这个问题，没有其他办法。

事实是，讨论从第三年到第五年会发生什么毫无意义，因为无论如何你都必须先完成前面两年的事情。有愿景对企业来说是有好处的，但讨论的价值不大。昨天我和一个朋友讨论一个新概念，开玩笑说这个事情会往什么方向发展。但从某种意义上讲，我们现在讨论这些其实没什么意义。我们要把注意力都放在最重要的事情上，而不要把太多的时间放在讨论未来上，因为未来是要争取的。

布莱恩·格雷泽 —— 奥斯卡金像奖、艾美奖、格莱美获得者

布莱恩与朗·霍华德共同创立了想象娱乐影视制作公司。布莱恩的电影和电视节目获得过 40 多项奥斯卡奖和 190 多项艾美奖提名。会议开始之前，我们坐在大厅里等候，周围都是准备向他做提案的人。直到那时我才开始感到紧张。但是与格雷泽交谈的过程很轻松，也许是因为让想法变得值得背书是他的每日功课。

> "人们真的不喜欢数据。数据确实很重要，但人们却记不住，因为数据无法真正进入人心。如果真正进入了人心，人们会被影响着去做一些事情，或者不做一些事情。"

桑尼尔·古普塔：你说过很享受构建一个全新想法的过程。你所说的案例构建指的是什么呢？

布莱恩·格雷泽：我会像这样看待案例构建：把一切都看作一个故事。所有技术人员，包括与我交谈过的人以及他们的朋友，无论是布莱恩·切斯基、杰克·多尔西、蒂姆·库克还是萨提亚·纳

德拉，都将自己的业务视为一个故事，试图保持简单，有时如果需要还会修改故事。你可以从我的电影里任选一部，我都能给你举出一个案例建设的例子。下面让我以电影《阿波罗13号》为例。

桑尼尔·古普塔： 好的。

布莱恩·格雷泽：《阿波罗13号》这部电影开始时就是吉姆·洛威尔给我的一份长达12页的故事大纲。但我真的不知道吉姆·洛威尔是谁。我对航空航天、阿波罗任务或类似的东西不太了解。我读了大纲后发现，这12页内容包含了多种元素。《阿波罗13号》可能是关于太空的，涉及进入太空、航空航天所需的硬件，以及那些涉及空气动力学的东西。也许可能与生存有关。我对航空航天知之甚少，这完全不是我感兴趣的领域，却是我最感兴趣的主题，其中有关人类的足智多谋和生存方式的部分极具生命力，而这就能将它定性为可以被制作成电影。

观看宇航员准备发射时，有一股神秘力量会让人在视觉上感到兴奋不已。我会在心里问自己："你难道不害怕吗？"这种感觉让我着迷。我认为试图进入外太空真的很有趣，将自己送入外太空，绕月球飞行真的是很疯狂、很刺激的事情。

桑尼尔·古普塔： 所以从本质上讲，这是一部关于生存的电影。

布赖恩·格雷泽： 自从买下这本大纲，我每天醒来就会想着怎么把它变成手稿，然后变成一本书。我每天都会进行案例构建，思考它应该是什么样的，它为什么能被制作成一部电影。我必须有了答案，才能让环球影业给我投资，我认为这个案例价值6 500万美元。

"为什么他们要给我6 500万美元？"这个问题一直萦绕在我

的脑海中。我发现生存是一个普遍的主题。而生存动机可能是英雄主义或爱国主义。

桑尼尔·古普塔：所以当你在构建案例时，电影主题是比市场或竞争等更重要的因素？

布莱恩·格雷泽：是的。最终，电影的主题才是让人下定决心的东西。电影《美丽心灵》的主题是爱；电视剧《胜利之光》的主题是自尊；电影《8英里》的主题也是自尊；电影《阿波罗13号》的主题是向内找寻人类的力量，甚至是关于个人从未设想过的力量。宇航员在智力水平上是10级，在身体素质上也是10级。他们在进入外太空时遇到了一些非常棘手，难以解决但又必须要解决的问题。电影里暗含的主题是：为什么这些事与人类息息相关，而不仅仅是与在太空中的宇航员群体相关。

桑尼尔·古普塔：当你向一个只考虑数据，并试图找出6 500万美元的投资回报率的人做提案，又会发生什么？

布赖恩·格雷泽：我主要是在主题方面解决投资回报率的问题，而不是通过故事来解决。如果用故事来解决问题，就可能会因为故事的某些细节而受到评判。而为你投资的人可以说："那不是很说得通。"但爱是有意义的。

桑尼尔·古普塔：为什么关于爱的主题是正确的选择呢？

布赖恩·格雷泽：每个人的终极目标都是与其他人建立联系，而爱就是建立联系的纽带。所以必须在所讲述的故事里证明这种联系的存在。以《阿波罗13号》为例，我们要证明的就是生存。有时生存是情感意义上的。人可能会因情感崩溃而无法正常工作，而这可能发生在这3名宇航员中的任何一位身上。

电影从表面上看就是故事，而电影的内核则是心跳。我试图说服一位高管给我 6 500 万美元或 1.65 亿美元，但我们无法从字面上证明它值这么多钱。因为如果尝试从字面上去证明它的价值，项目会马上被砍掉。你必须有一个梦想，然后切实地将你的梦想与现实结合起来。

桑尼尔·古普塔：如何在好莱坞之外的领域应用这一原则？你也参与一些初创公司的建设，一家初创公司会有什么样的主题呢？

布赖恩·格雷泽：就布莱恩·切斯基和爱彼迎而言，主题可能是社区。就像创建一个社区，在这里人们可以互相认识，因为社交对生活来说至关重要。

桑尼尔·古普塔：假如布莱恩·切斯基就像 8 年前一样，带着爱彼迎的想法来找你，并对你说："我需要你帮助我向投资者提案。"你会和他说什么？

布赖恩·格雷泽：嗯，我确实帮助过他。我告诉他这是关于故事，故事，故事。人们真的不喜欢数据。数据确实很重要，但人们却记不住，因为数据不能真正进入人心。如果真正进入了人心，人们会被影响着去做一些事情，或者不做一些事情。

桑尼尔·古普塔：必须以故事开始。

布赖恩·格雷泽：对，通过故事达到最终目的。

桑尼尔·古普塔：迄今为止你已经听过十万个提案。并且你既做提案，也接受提案，显然说"不"的次数要比说"是"的次数多得多。有没有什么内容更容易博取你的青睐？

布莱恩·格雷泽：原创性。当有人试图构建一个案例时，如果只是进行概括，我会把他排除在外。

桑尼尔·古普塔：能举一个关于概括的例子吗？能以《阿波罗13号》为例，做一个典型的由于概括而导致失败的提案吗？

布莱恩·格雷泽：概括类似说这种话："大家好，人类对冒险感兴趣。没有什么比太空冒险更令人着迷的了。"但谁能联想到这其中的关系呢？这就是一种概括。我们和埃隆·马斯克做了名为《火星时代》的科幻纪录片，在美国国家地理频道播出。

桑尼尔·古普塔：是的。那部片子真的很棒。

布莱恩·格雷泽：谢谢。从电影的角度来说是很不错，但我想让人们或者说是任何观看这部片子的人了解，为什么我们要尝试登陆火星。我认为我们没有很好地回答这个问题。我们在《阿波罗13号》上，确实更专注，因为我们去掉了父母、孩子和牧师，去掉了所有次要因素。甚至在早期，这部片子就让我们相信应该包含勇敢和牺牲。我认为这部片子具备了人的视角，这也是我们竭尽全力要做好的重要方面。

桑尼尔·古普塔：就某种意义而言，这是将这一无可辩驳且人人都理解的主题与一个具有原创性的想法结合起来的过程。

布莱恩·格雷泽：是的，想法要有原创性。我不想做别人已经做过的想法。这就是为什么我每周都会进行一些创意性的对话，因为我学到了很多东西。它能帮助我构建原创想法。直觉，每个人都认为它是直觉，但直觉必须有根据。我真的不认同那些只是说这是我的直觉或本能的人。如果这些直觉有理有据，那么我会更感兴趣。我喜欢已经被证实的事情。

桑尼尔·古普塔：能为我们举一个实现了这种平衡的例子吗？

布莱恩·格雷泽：我通过做文化调研，来制作电影或电视节目。我还做了一部关于嘻哈乐队"武当派"的片子《武当派》。我不知道能否成功，但我知道武当派的故事并不过时。为什么我能知道？因为我见过很多说唱音乐圈的人。我经常会向一些小孩子和正统老派人士提问。我可能会问德瑞博士，他的意见和我14岁的儿子帕特里克一样重要。我们必须做双重确认。我可以说出100个我不会为他们做影片的说唱艺人的名字。我选择"武当派"是有原因的。我是否觉得他们被夸大了？我是否觉得他们已经过度饱和了？上述问题的答案必须是否定的，我不觉得他们已经饱和了。他们的故事是什么？他们在史坦顿岛长大。他们要么正在服刑，要么已经出狱，他们所组建的乐队很庞大。

桑尼尔·古普塔：我看过你的一次演讲，当时一位听众举手问道："布莱恩，我已经把自己的想法写下来了，我该怎么实现它呢？"你的答复是："必须以最性感、最让人上瘾的方式来谈论你的想法。"那是你给他的建议。那怎么样才算是一部以不性感、不上瘾的方式来描述的电影？

布莱恩·格雷泽：我想拍一部关于大卫·弗罗斯特与理查德·尼克松谈话的电影。这就不性感。

桑尼尔·古普塔：是不太性感。

布赖恩·格雷泽：对。讲述这部电影性感的方式是：大卫·弗罗斯特和理查德·尼克松之间的对话，堪比你看到的任何一场残酷的战斗。这是一个关于《圣经》中大卫杀巨人歌利亚的故事，充满了血腥。尼克松就是一个非常聪明、咄咄逼人的恶霸。而弗罗斯特这个操着一口伦敦口音的小小脱口秀主持人竟然把美国总统打倒了。

桑尼尔·古普塔：我有很多问题想问，但我知道我们只剩下一分钟的时间。想象一下，现在有人站在你的办公室外面，他们即将来到这里向你做提案报告。我可以给他们一些什么样的建议来提高他们的胜算？

布莱恩·格雷泽："你知道佐治亚州亚特兰大有一所高中被称作说唱歌手母校吗？安德烈3000、Big Boi 都出身于这所高中。很多说唱歌手都是从这所高中毕业。"我不知道，所以跟我讲讲。这样就行了。

桑尼尔·古普塔：然后，立马就能引起你的兴趣了。

布莱恩·格雷泽：我希望有人说："你知道这件事发生了吗？你知道这个存在吗？"然后点燃我的好奇心来参与这个故事。

安·三浦-高 —— 天使投资机构 Floodgate 联合创始人

安·三浦-高是第一位为我的初创公司 Rise 投资的职业投资人。她决定投资后，其他投资人因为她的名气而纷纷加入。她是美国天使投资机构 Floodgate 的联合创始人。该公司已投资了包括来福车、在线书籍出租公司 Chegg 和实时流媒体视频平台 Twitch 在内的 100 多家早期创业公司。安·三浦-高多次登上全球最佳创投人榜单和《纽约时报》全球 20 位顶尖风险投资人榜单。

"'不同'往往比'做得更好'更引人注目。因为'不同'能引起人们的兴趣，而与众不同是令人难忘且有意义的。'不同'并非建立在对同一件事的不同概念上。如果有机会，请与众不同，而不是做得更好。"

桑尼尔·古普塔：你是来福车最早的一批投资者。事实上，当它被称为 Zimride，也没有多少人感兴趣时，你就已经为他们背书了。是什么让你决定给他们一次机会的？

安·三浦－高：这么说会让我看起来比实际上更有先见之明，其实我们在同一时期曾拒绝了爱彼迎和拼趣。有很多公司是我们所没有看到的。我喜欢这家公司和这两位创始人，是因为当时我们还没有在交通领域看到初创公司。联合创始人约翰·齐默和罗根·格林成功地说服了我们，从而给这项业务奠定了基础，并发挥了深远的影响。

桑尼尔·古普塔：他们是怎么做到的？

安·三浦－高：如果你看他们最初的提案幻灯片，就会发现，他们说交通变革已经多次改变了美国的物理景观，如果再有一场交通革命，将对美国产生同样程度的影响。交通革命改变了人们的生活方式，改变了人们居住的地方，改变了工作与家庭生活之间的关系，改变了假期。交通革命改变了很多事情。

桑尼尔·古普塔：这是一个很大的愿景。有一个问题总是会出现，那就是宏大的愿景对于引人注目的宣传到底有多重要？你如何在远大的愿景和具有可信度的愿景之间取得平衡？

安·三浦－高：有远见的创始人和只有远见的创始人的差别很细微。血液检测公司 Theranos 之类的故事或弗莱音乐节上的纪录片，讲的都是些有愿景的创始人，结果证明他们有的只是愿景。

这种类型的创始人与我们正在寻找的创始人的区别在于，我们想要背书的创始人必须能负起责任。而这些创始人本身就有坚定的信念来负责，他们不会将责任外包出去。

桑尼尔·古普塔：你怎么知道他们没有把责任外包出去呢？如何能够确定这一点？

安·三浦－高：我们要找的创始人会非常深入地参与引导目标实现的试验。他们深入参与，寻找创造下一步工作，让投资者更接近本质。有时是一种新产品，有时是一种新的商业模式，有时是一种新的定价方案。他们绝非在外围袖手旁观，而是去深入地探究内部。

罗根·格林和约翰·齐默所做的事情，不仅是在推销这个平台，他们还认识到了什么有用，什么无用。他们试图弄清楚如果有用应该是怎样的情况，又有什么样的意义。

他们试图弄清楚如何让这一切快速融合，不仅是快速，还要整合在一起，以实现他们引人注目的愿景。举个例子，他们在想，如果将这一切都结合在一起，就要选择一个高密度区域，实际应用也会很有活性。因此，最初他们向大学出售产品，然后就想，如果将所有社区连接起来会怎样？有没有办法将一家公司与斯坦福大学连接起来，再加上惠普和脸书如何？那么是否有足够的条件来实现这一愿景？人们愿意共享出行工具吗？如果前面的设想没有实现，他们就继续寻找其他的途径，比如旧金山和洛杉矶、旧金山和太浩湖之间的长途旅行，是否可以通过其他方式来连接？你就知道创始人不是只有远见，他们还在进行试验，让产品与市场越来越契合。

桑尼尔·古普塔：你看到了他们亲自做试验了吗？

安·三浦－高：是的，罗根确实开着面包车往返于旧金山和洛杉矶。

桑尼尔·古普塔：罗根被描述为一个非常温和内向的人。在大多数人的印象中，这种个性的人很可能无法承担得起这一角色。像罗根这样的人是如何让自己变得有说服力的？

安·三浦－高：领导者的神奇之处在于讲故事。讲故事不是个性外向的人才有的"超能力"。只要练习，讲故事是每个人都能掌握的技能。我认识一些有严重阅读障碍的人，他们也非常会讲故事。安静、内向型的领导者也拥有这种技能，所以我相信罗根也有。罗根和约翰讲了一个故事。故事讲述的是一个英雄，背景是有一个地方所有的车里都有一个捣蛋鬼，大部分的车都没有被使用，或者当车辆被使用时，只有一个人在车上。如何提高道路的使用效率？如何获得更好的体验？那些类型的问题和故事确实引起了人们的共鸣。

此外，因为他们都很会讲故事，这让他们显得有些与众不同，从而避免了盲目竞争，尤其是在一个竞争激烈的领域中。也因为他们讲的故事能打动人心，所以他们可以告诉你优步是你的私人司机，但来福车是来接你的朋友。这个故事与众不同，它更有趣。"不同"往往比"做得更好"更引人注目。因为"不同"能引起人们的兴趣。与众不同是令人难忘且有意义的。"不同"并非建立在对同一件事的不同概念上。如果有机会，请与众不同，而不是做得更好。

桑尼尔·古普塔：讲故事，对不同的人可能有不同的意义。那么有哪些讲故事的方式是错误的？

安·三浦－高：以类比的形式讲故事就是错误的。比如把自己比作其他东西，类似"我们是某一领域的优步"这种。我想听到的是，可能出现哪些糟糕的情况，客户会遇到什么问题，是谁让这些客户遇到了问题，为什么会出现问题，为什么他们不会解决这个问题，为什么他们不能解决这个问题，等等。然后，谁是解决这个问题的英雄，他们来自哪里，以及他们为什么要解决这个问题，等等。

必须让故事完全符合你的愿景。而不是说，"看到这家公司很厉害，赚了很多钱或者估值很高，现在我们要做一个和它很像，但要好一些的公司"。故事的语境要不同，要把投资者、员工或合作伙伴代入不同的心态之中。

桑尼尔·古普塔：你是怎样说服投资者的？

安·三浦-高：需要有直觉，有竞争数据，还可能有还没上市的产品，有关于那款产品在早期或者成熟期的数据，还有消费者意见，等等。其中一些可能与完全缺乏竞争有关，为什么这个领域缺乏竞争？也许行业存在阻止竞争对手进入的情况，而你刚刚想出了如何规避它的方法。也许你知道消费者由于某些原因对现有的解决方案非常不满意，也许某些事情实际上正在发生变化。你的工厂突然能够使用某些数据了，目前还没有其他人能做到这一点，而这意味着一个巨大的新机会诞生了。这些取胜的秘诀构建起了那些我喜欢听的故事。

桑尼尔·古普塔：你投资的一些公司比如来福车，即使非常成功，也会在自筹资金方面苦苦挣扎。对于正在经历这些挣扎的人而言，什么才是最重要的？

安·三浦-高：有时候只是坚持，有时候就是战斗的本能。约翰和罗根都是非常好的人。早在2011年交通领域真正开始升温时，人们认为需要在这个领域表现得很激进才行。所以风投公司总是在质疑约翰和罗根是不是人太好了。

有一次我和他们说："要想象自己无所不能，并且要在投资人面前把自己的这一面表现出来。"不久之后，约翰和罗根就成功说服了梅菲尔德风险投资公司的拉兹·卡普尔进行投资。罗根在电子邮件中附上了一份条款清单，文件名就是"无所不能的附件"。

桑尼尔·古普塔： 现在这是一家上市公司了。

安·三浦－高： 我在首次公开募股之前，给他们写了一封简短的祝贺信。他们说："感谢信任。那时我们可能表现出好像有很多选择的样子，但实际上你是唯一的选择。"其实，我们当时已经意识到自己是唯一相信他们的人，所以一切才会进展得非常顺利。我们也遇到过类似的情况：很多人都想参投，挤进一轮募资，但公司并不一定进展顺利。

尤其是在早期阶段，其他人的兴奋程度与该公司的表现无关。拼趣就是一个很好的例子，他们的种子轮被几乎所有人拒绝了。看到这些公司如何随着时间的推移而转变，投资者需要足够的谦逊来认识到自己的盲区，这真的很有趣。你不知道公司会走向何方，你只是投资人，你希望可以想出办法让公司变得更好。

桑尼尔·古普塔： 在所有条件都相同的情况下，你是否觉得性格更狂妄一些的人往往在早期阶段更有优势？

安·三浦－高： 我不这么认为。在男性占主导地位的环境中，这种性格的人可能会表现得更好，但我从未将这种性格看成一个基本的竞争优势。因此我认为拥有更多元化的投资者群体可能是件好事。

人们认为有竞争力与善良是不相容的。财捷集团前首席执行官布拉德·史密斯说:"永远不要将善意误认为软弱。"硅谷最好的那批首席执行官中就有人这么说,我也是这么认为的。我相信这实际上是一种不可思议的力量。拥有了这些基本价值观,就可以建立一个伟大的组织。

特雷弗·麦克费德里斯 —— 音乐艺术家

我第一次见到特雷弗·麦克费德里斯时,他刚从顶级投资者那里为自己的新创业公司 Brud 筹集了 600 万美元。这家公司为照片墙创作虚拟名人。但在成为科技企业家之前,特雷弗·麦克费德里斯被称为 Yung Skeeter,是一位在俊杰音乐节和科切拉音乐节等活动中表演的艺术家,并为阿泽莉亚·班克斯、史蒂夫·青木、凯蒂·佩里等明星制作歌曲、担任 DJ 或导演。2008 年,他被时尚流行杂志 *PAPER* 授予大众选择的最佳 DJ 奖。我们谈到了不隐藏真实身份的重要性。

> "以前我是 DJ,常常走进某些夜总会,房间里到处都是戴着纽约洋基队帽子的帅哥。我会说:'今晚我必须播放说唱歌手 JAY-Z 的歌曲和纽约说唱音乐。'当我开始播放自己非常熟悉的音乐时,我就更成功了。后来我做企业家也是这样尝试的。我没有尝试像斯坦福大学商学院毕业生那样说话,我必须用自己的方式说话,因为这样可以真实表达并与他人建立联系。"

桑尼尔·古普塔：上次聊天时，你告诉我顶级夜总会俱乐部如何让你播放嘻哈音乐，但实际上你并不喜欢嘻哈音乐。

特雷弗·麦克费德里斯：是的。我刚开始制作音乐和播放音乐时，主流夜总会俱乐部文化中并没有真正的舞蹈音乐场景，当时就是播放说唱歌手里尔·乔恩的歌曲和其他说唱音乐，美国的夜总会尤其如此。我当时在制作浩室音乐，但得到的工作机会经常是为只听嘻哈音乐的那一代人服务。最初，我试图为所有人提供服务，并且我会准备只向嘻哈乐迷播放的嘻哈音乐。而我不是很了解嘻哈音乐，这显得我好像不太诚实。

桑尼尔·古普塔：所以你决定改变它？

特雷弗·麦克费德里斯：我尝试走进一个房间，做我自己，用我自己所了解和欣赏的东西打败他们。因为这种感觉很真实，并且能够创造一种氛围，将人们与音乐更紧密地结合在一起。有的人喜欢，有的人不喜欢。喜欢的人会欣赏，也很兴奋。

桑尼尔·古普塔：当你第一次做出这样的转变，人群给了你什么样的回应？

特雷弗·麦克费德里斯：还是很残酷的。我进入一个空间，不再假装着在中途改变音乐风格。我会在走进这个空间时说："这就是我，喜欢的一起来，要么就走开。"而且我意识到当人们接触到一些不同但能够让自己感觉很好的东西时，会尝试感受。所以我会走进一个空间然后说："好吧，前10分钟你可能会讨厌这种音乐，然后你就会喜欢上的。"

桑尼尔·古普塔：有哪些很令人难忘的反应？

特雷弗·麦克费德里斯：我记得自己在新泽西的一家夜总会俱

乐部播放音乐，那个场地比较正统，当我开始播放浩室音乐时，一个有点像黑道的人出现在我面前说："我不是很喜欢你，我也不相信你们这些人，但是我女朋友很喜欢你在播放的音乐。我从未真正见过你这样的人，但我喜欢你所做的事情。"当时我在播放浩室音乐，所以他就把我认作异类。这是一种奇怪的反向恭维。还有的场合，会有人直接过来找我，要给我几千美元让我停止播放。

桑尼尔·古普塔：但是做 DJ 不就是需要取悦观众吗？

特雷弗·麦克费德里斯：你不能取悦所有人。当你尝试做这种司空见惯的事时，就会令所有人失望，因为这等于马屁只拍了一半。所以你最终会说："好吧，我会成为最好的自己，我会尝试与舞者进行眼神交流。"然后说："谢谢你，带着朋友一起来玩吧。"现在是有一小部分人，需要你鼓励他们一起玩的。有这样一种默契，那就是如果你继续跳舞，我就会一直播放你喜欢的唱片。如果有足够多的人很享受，也许其他人也会加入其中。

桑尼尔·古普塔：当你开始播放你想播放的音乐时，是否就会出现新的机会？

特雷弗·麦克费德里斯：当然。因为在"做自己"这一点上，我确实开始取得一些进展。我想如果我只是播放大家每天都在听的那种音乐，就不会真的与众不同。但是当你走进一个空间开始播放浩室音乐时，结束后就会有一个人说："哥们，我去以色列度过假，我在那里听到的音乐都和今晚的很像，我很喜欢。我是华纳兄弟公司的副总裁，我想请你参加我们的节日派对。"可能会发生类似的事情。忽然之间，你就找到了属于自己的部落。忽然之间，你成了特别的无麸质格兰诺拉麦片，而不仅仅是麦片货架上的一盒普通的麦片。对此感兴趣的人会感到兴奋，会转头告诉他的朋友。这其实很容易理解，但不容易发现。

桑尼尔·古普塔：必须不断提醒自己要做自己。所以这一切是如何开始的？是什么让你从纽约的夜总会俱乐部走到科切拉音乐节的舞台的？

特雷弗·麦克费德里斯：有一次我正在播放唱片，有一位纽约的演艺经纪人很喜欢，但他更喜欢嘻哈音乐。他就说："这有点酷。我还不知道现在有这种音乐。一起聊聊？"取得成功的关键在于做我自己，而不是试图成为我所认为的别人喜欢的样子。

桑尼尔·古普塔：但那时你是一个苦苦挣扎的艺术家。终于有机会在演艺经纪人面前播放音乐了，大多数人会研究经纪人的喜好，如果他喜欢嘻哈音乐就会播放嘻哈音乐。为他提供他想要的东西，这似乎是安全的做法。

特雷弗·麦克费德里斯：是的，我绝对同意。我认为我们这个时代的主要挑战之一，是我们生活在这个由数据驱动的世界中。我认为，数据非常重要，但了解数据是比被数据驱动更重要的事情。如果你能找出真正感兴趣的事物，然后用数据表明其中一部分是另一个人所感兴趣的东西，那很好。但我不会盲目地看着数据说："这些人喜欢这个东西，我应该给他提供这些东西。"我认为你必须了解你是谁，是什么让你与众不同。

桑尼尔·古普塔：所以你成功说服了这位经纪人——约翰尼·马罗尼，让他成为你的背书者。后来发生了什么？

特雷弗·麦克费德里斯：不久之后，我开始参加大型音乐节，从电气森林到大型狂欢节，再到北京的跨年夜以及澳大利亚的巡演。每一次都会有一个人际关系网庞大的人说："我认为有些人可能会理解它。"然后事情就一件接一件地发生了。早期做舞曲音乐的高光时刻都是这样的：电子音乐歌手凯莎的制作人打电话给我，我们一起去她的工作室，我帮他们确定现场表演和巡演用的音乐；与流行歌手凯蒂·佩瑞一起工作，并与她一起巡回演出，凯蒂是一个热爱流行音乐的人，当然也对浩室音乐充满热情。慢慢地，我就可以用一种真实的方式把这些事联系起来。

桑尼尔·古普塔：当你向投资者推销你的新创业公司时，是如何展示这种真实性的？

特雷弗·麦克费德里斯：一开始，在面对最早的那批投资者时，我会在演讲中说："你们曾投资过的那些人无论穿着打扮还是言谈举止都和我不一样。我将努力成为最好的自己，而不是仅仅做自己。"当我开始做提案报告，展示我真正相信的事情，而不是展示我认为他们可能想要相信的事情时，我的提案就成功了。

桑尼尔·古普塔：所以就某些方面而言，房间里的风险投资人就像夜总会俱乐部里那些戴着洋基队帽子的人？

特雷弗·麦克费德里斯：是的，有一点像。待在一个坐着13位风投基金合伙人的房间里，环顾四周，你会觉得，"这位喜欢穿正统的布克兄弟品牌，那位喜欢穿户外品牌巴塔哥尼亚，那位爱穿潮流品牌欧布斯……好吧，我大概了解这几位可能喜欢的文化了。不知道是否可以用他们喜欢的语言讲出我要做的事情"。这样做绝对是错误的。

解决这个问题的正确方法是成为你自己，也许这13个人都讨厌我，但只要他们中有一个人喜欢我，也许就可以让他们的合作伙伴加入,"你知道吗？我不认为我们可以做到,但我有一个朋友可能想做",他们会带你见一个真正欣赏你业务的人。

约翰·帕夫雷 —— 艾伦·麦克阿瑟基金会主席

约翰·帕夫雷是艾伦·麦克阿瑟基金会的主席,该基金会授予的麦克阿瑟奖俗称"天才奖"。在加入艾伦·麦克阿瑟基金会之前,他曾担任马萨诸塞州安多弗菲利普斯学院的校长和哈佛法学院的院长。我们与约翰·帕大雷谈到了如何从招生角度来理解值得背书的情况。他和团队寻找的潜在"天才"具有哪些特质？

> "我认为真正的热情很难伪装。你能感受到他们真的深入进去,挖掘到了一些东西,而且希望能挖得更深。这背后就有真正的热情,而不是短暂的热情。"

桑尼尔·古普塔： 我听说麦克阿瑟奖选拔时看重3个品质——独创性、洞察力和潜力。让我们先来谈谈潜力。你认为这代表着什么？

约翰·帕夫雷： 这是一个非常好而且有趣的问题。关于麦克阿瑟奖的价值观,经常有人会问是否只奖励年轻人,因此得奖的年轻人特别多？麦克阿瑟奖真的不是只看重牛龄,因为人们进入正轨的时间都不一样。但我们想做的是,确保一定数量的资本、声望和支持,让值得支持的人能够充分发挥自己的作用。所以,我认为潜力由许多不同的东西组成,说到底这就是下赌注。

桑尼尔·古普塔：你是否将潜力视为可能发生但尚未发生的事情？

约翰·帕夫雷：当然。潜力总是可能发生但尚未发生的事情，并且可以期望接下来的事情会更好。对于某些人来说，这会带来很大压力。人们期望他们的下一本书、下一场演出或下一场音乐会会更好。这里有一种隐含的压力，但我认为确实应该这样。有些事情还没有完成，通过赋予有能力的人更多机会，让世界变得更加美好。

桑尼尔·古普塔：这个人无论有没有你的帮助都能发挥出潜力，这一点重要吗？

约翰·帕夫雷：的确有一种分析方法，就是我经常会想到的"要是没有"检验法。"要是没有"这笔钱，或者"要是没有"这次机会，这个人能做到吗？以米歇尔·奥巴马为例，她很可能在自己一生中做出很有意义、非常有创意的事情。她大概率有很多资源，而且已经很出名了。所以你会更愿意选择一个尚未得到支持或资源的人，而那些已经功名成就或有能力的人，是会得到这些支持和资源的。所以，我们会寻找机会来支持那些如果没有我们的支持，可能无法充分发挥潜力的人。

桑尼尔·古普塔：你在安多弗菲利普斯学院招收学生时是否也用了"要是没有"检验法？

约翰·帕夫雷：在招收学生时，如果有时间，你肯定会考虑有谁可能成为多元化的班级群体的一员，谁能通过在这里的学习做出更大的贡献，以及为什么有些学生潜力不足？

桑尼尔·古普塔：选拔型项目的申请者会经常感受到要吹嘘自

己优势的压力。但根据你所说的，这似乎不是最佳策略。

约翰·帕夫雷：麦克阿瑟奖有一个提名、评估和选择的过程，但不能由个人申请。想象一下，如果你是在寻求资助，而不是想成为一个获奖者，那么展示自己的成长轨迹显然对每个人来说都很重要，做出选择决策的人需要观察到一种成长性。但这并不意味着一切都完美无缺。我认为能够克服挑战，展示出自己能充分利用资源的态度，无论对于基金会还是教育机构来说都是非常关键的一点。

桑尼尔·古普塔：这是否意味着你要主动指出自己的差距？描述清楚自己想要完成的事业，表达出如果缺了这笔奖金，你就没办法做到了呢？

约翰·帕夫雷：当然。要体现出教育对你有什么价值，你会为社区做什么？这就是一个综合性的东西。你要展示自身的潜力与可能性，帮助机构明白他们可以帮助你实现这一目标。

桑尼尔·古普塔：麦克阿瑟奖获得者林-曼努尔·米兰达说过："人必须真正爱上自己的想法，因为有很长一段时间都要为这个想法付出努力。"你如何判断某人是否真的爱上了自己的想法？

约翰·帕夫雷：我认为真正的热情很难伪装。你会有一种感觉，他们真的深入挖掘了一些东西，并且希望挖得更深。他们背后有真正的激情，而不只是昙花一现的喜欢。而且我还认为，当你查看某人的简历时，能够感觉到他们为某事坚持过多长的时间。我今天面试了一位有一定职场经验的人，她在一家公司连续工作了15年，从事的业务也很有趣。她在那段时间里坚持只从事一项业务，并且做得非常好，这给我留下了深刻的印象。所以我认为那是某种共鸣感的结合，也受到她执着于某一项业务的影响。我真的会在一段时间内深入研究某件事，而这就是履历中的闪光点。

桑尼尔·古普塔： 如果我们一起度过半个小时，你想了解我对一个想法的热情程度，那么你会提什么样的问题？

约翰·帕夫雷： 我会问各种不同的问题，涉及很多不同的主题。我认为有部分原因是想要体现出你从各种角度看待问题的情况。你从很多不同的角度去思考了，而且真的很深入地思考过。如果你真的很投入，一旦我发现你还没有想过的角度，通常你会受到启发，然后你就会这样说："我还没有想过这个，即使我已经和1 000个人谈过这个问题了，但从来没有人提过这个问题。"我认为这就是我想和你一起度过半小时的根本原因。你不仅是在接受我的采访，实际上你试图从我和我的问题中得到一些东西，以你深刻的理解方式去思考业务的升级及发展方向。

The Surprising Truth Behind What
BACKABLE
Makes People Take a Chance on You

结 论
活在当下

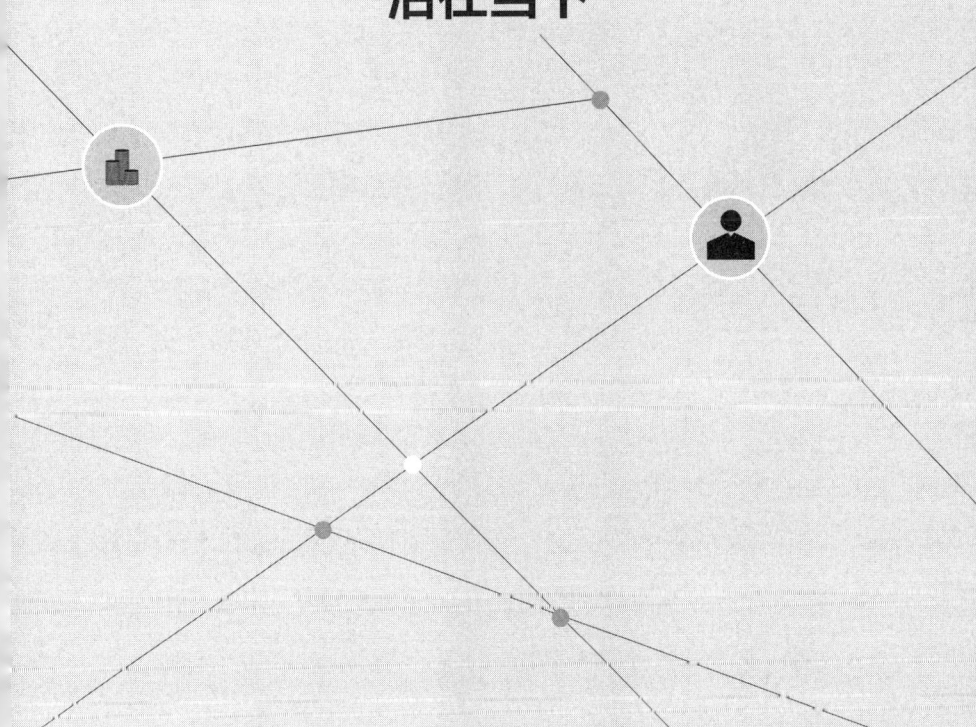

我第一次去硅谷时才 20 岁出头。那时，刚进入 21 世纪，热门公司是雅虎、易趣和 Hotmail（互联网免费电子邮件提供商之一）。我对硅谷很是着迷。但不幸的是，我在那里人生地不熟，所以，我天真地给科技界的大人物，包括像维诺德·科斯拉和约翰·杜尔这样的著名投资者打电话请求拜访。不出所料，我没有成功。但在搜索他们的联系方式时，我偶然发现了一篇关于一家名为 Buck's of Woodside 的餐厅的文章，硅谷人士喜欢在那里吃社交早餐。文中还展示了店主詹米斯·麦克尼文穿着保龄球衫的照片，他戴着眼镜，脸上挂着温暖的微笑。

抱着试试看的心态，我给麦克尼文打了通拜访电话，向他做了自我介绍，问他我是否可以在他的餐厅附近随便走走看看。他说："来吧。"当我走进 Buck's of Woodside 餐厅时，后退了一步，仔细检查了地址。这里竟然就是风险投资人和精英企业家聚会的场所！进入餐厅，首先看到的是一个巨大的自由女神像模型，戴着宽边帽，手里拿着一个冰激凌蛋卷。这感觉就像是给孩子们庆祝生日的地方，而不是行业巨头热衷的就餐场合。

我坐在靠窗的位置，被天花板上悬挂的纪念品和小摆设迷住了，这时麦克尼文出来迎接我，走进我的卡座。他穿着一件夏威夷风格的短袖衬衫和皱巴巴的卡其裤。那个被《华尔街日报》描述为"权力掮客"的人，看起来就像是刚从奥兰多迪士尼乐园的童话小镇回来。

在我和麦克尼文吃完 11 月的特价早餐南瓜煎饼后，他带我参观了这家餐厅。他指着左边说："这就是马克·安德森为网景公司筹集资金的地方。""Hotmail 就是在那张桌子边成立的，"他补充道，"PayPal 是在那里拿到资金的。"

这趟参观让我的注意力从装饰品转移到坐在我们周围的人——那些正在一对一进行社交早餐的人身上。20 年前那一刻所看到的景象，让我感到惊讶并备受鼓舞，最终促使我撰写本书。

几乎每张桌子都是类似的情况：一边是一个穿着职业装、头发花白的男人，另一边坐着很像我的人，他们同我年龄相仿，经验水平相近，如果是星期六，还会穿着一样的连帽衫。

我想知道穿连帽衫的创业者都对穿西装的投资者说了些什么，使他们陷入沉思。麦克尼文说："他们正在做提案，介绍自己的想法。"我对此感到很震惊。我在犹豫，要不要说出自己想说的话。最后我还是勉强开口说："但他们太年轻了，我的意思是他们和我一个年龄。"麦克尼文从他的咖啡杯中啜了一口，看着窗外。他似乎在犹豫要不要告诉我真相。对于一个来自美国中西部地区的 21 岁的年轻人来说，这信息量是否过大？

在那一刻，我想起了《黑客帝国》中墨菲斯拿出红色药丸和蓝色药丸的场景。麦克尼文斜靠在我的对面，直视着我的眼睛，指着窗外。"在这里开公司的人，大都和你一样大。"我感到自己的喉咙被哽住了，像是吃了一颗打开新世界的红色药丸。

在返回底特律的航班上，我的思绪一直飞速运转。我回想起餐厅里那些穿着连帽衫的年轻人，他们似乎明白一些当时的我所不明白，直到几年后才会理解的事情。原来这个世界上有两种人，有些人活在未来，有些人活在当下。

我遇到的每一个值得背书的人，在职业生涯的某个阶段，都学会了活在当下。当布赖恩·格雷泽试图打入好莱坞时，他说服了业内很有影响力的金主卢·瓦瑟曼给他一些职业建议。开会才不到两分钟，当格雷泽正在分享他的背景时，瓦瑟曼打断了他，说："好了，够了！拿出一张纸。"然后瓦瑟曼告诉他停止谈论写作，而是直接开始写作。就是这张纸带来了由汤姆·汉克斯主演的电影《美人鱼》。不久后，格雷泽就与罗恩·霍华德组建了影视制作公司想象娱乐。格雷泽回顾那一幕，认为"写下想法"这个动作是决定他职业生涯的关键时刻。从那时起他开始活在当下。当我与观众交谈时，喜欢从快速练习开始。我会说："如果你有创意就站出来。它可以是任何简单的，或是开创性的新事物。它可以是关于新产品、新流程的想法，也可以是任何你认为可能会产生重大影响的事情。"

不一会儿，几乎所有人都站了起来。

然后我会要求"没有分享过这个想法"的人保持站立姿势。

有超过一半的人继续站着。

这个练习我做了很多年，结果总是一样的。公司花费数十亿美元，聘请外部顾问和高价智囊团提出已经存在于他们员工头脑中的想法。与此同时，员工们的天才想法却被放在一边。

圣雄甘地说："我们所做的事情和我们能够做的事情之间的差距，足以解决世界上的大多数问题。"现在，我们比以往任何时候都更需要优秀的人不要再活在未来，而是活在当下。你也应该从当下开始。最疯狂的想法是那些最有可能改变世界的想法，它们往往也最难推销。但这并不意味着我们要停止尝试。我们培养技能，投入精力，让自己值得背书。我们意识到，正如那些所有值得背书的人最终都会做的那样，当你被拒绝时，总会有另一个房间的人值得争取。

如果这还不足以说服你活在当下，那么请考虑这样一点：即使我们的想法没有达到预期的目标，但这个过程足以触动和激励人们。说实话，Rise 并没有成为我想象中的强者。当我们将它卖给 One Medical 时，对于我们的团队来说，这是一个不错的结果，对于我们的股东来说，则是一笔可观的回报。但我是怀着复杂的心情签署了最后的文件。我曾希望我们可以做得更多。

在出售 Rise 后的几年里，有人联系我，告诉我他们正在构建自己的 Rise，并请我分享从教室和医院的经历中学到的东西。在《财富》杂志主办的一次会议上，一位企业家谈到了他所建立的一项服务，该服务大大降低了精神卫生保健的成本。当被问及他是如何产生这个想法时，他说："我受到了一项名为 Rise 服务的启发。"他不知道我在观众席。他的话让我感到惊讶，因为我们从未见过面。当我们活在当下时，所做事情的直接结果并不是故事的结局。

我现在知道了一句让大多数人对活在当下望而却步的话："我

还没准备好。"我还没准备好创业，我还没准备好写那个提案，我还没准备好说出我的想法……我们都有过这种想法。就在我打出这份手稿的最后一句话时，有一个微弱的，但时而响亮的声音在说，为什么你要写书？为什么会有读者愿意看你写的内容？但是在花了5年多时间采访和研究那些改变世界的人之后，我突然想到了一些事情：因为他们都没有准备好。一个零创业记录的对冲基金经理不一定准备好建立一个在线书店；一个设计学院的年轻人也不准备颠覆酒店业；一个来自斯德哥尔摩的15岁孩子还没有准备好领导一场环保运动。但今天，亚马逊不仅是世界上最大的书店，还是最大的在线零售商；每天都有几十万人登录爱彼迎；格雷塔·桑伯格被《时代》杂志评为有史以来最年轻的年度人物。

我妈妈成为福特汽车公司的第一位女工程师，不仅为她自己，也为她周围的每一个人，包括她的家人创造了可能性。1967年，她的车在安娜堡郊外抛锚了，所以她找到了一个电话亭，在电话簿中找到了她能想到的最常见的印度人的名字。接到这通电话的人正是我的父亲苏哈什·古普塔。他们在一年内结婚，并有了两个儿子——我和桑杰。

我们在一个安全到几乎无趣的郊区长大，从未经历过任何与妈妈所经历的情况相近的事情。然而不知何故，我和桑杰都继承了她的难民心态——一种无常和乐观的奇怪组合。如果我们有一个目标，她会督促我们弄清楚如何实现，并且是立刻就弄清楚。等一切都准备好才做事情，在我们家是不被允许的。

多年后，桑杰有了一个想法，作为一位底特律的执业医师，他想在国家电视台做新闻报道。尽管桑杰的直播经验为零，但妈妈告诉他要相信自己，要想出办法。就像我们的妈妈找到了福特的招聘经理一样，他直接去找了美国有线电视新闻网的高管和制片人进行面试。

桑杰知道，要成为一名电视记者是一个漫长的过程，但他已经花时间为那一刻做好了准备。他直截了当地表明自己没有入镜经验的事实，并指出作为一名执业医师，他与患者，也就是他的中心人物的关系，比普通记者可能要真实得多。他已经沉浸在美国有线电视新闻网想要讲述的故事中，而且他认为自己已经得到了可以分享的秘密。

在我与詹米斯·麦克尼文在他古怪的餐厅里见面的几个星期后，桑杰·古普塔医生首次在美国有线电视新闻网亮相。在过去的20年里，我自豪地看着他的新闻报道——从"9·11"恐怖袭击事件到新冠肺炎疫情的暴发。他不断提醒着大家，我们在一起，并时刻提醒人们要活在当下。

这就是为什么，当我决定搬回密歇根州竞选国会议员时，给桑杰打了第一通电话。2016年，唐纳德·特朗普以不到1.1万张选票赢得了该州的支持。作为民主党人，我想回家帮忙扭转这一局势。

竞选公职和建立一家初创公司，在很多方面是相似的。行动迅速，但会犯很多错误，而且总是用光所有资金。但是我们有一项重要的资产——我们的妈妈。她以76岁的高龄，在退休后加入我的竞选队伍，她比任何员工都积极地进行上门拜访。选举当晚，胜负难分，她熬夜等待最后的结果，甚至比我和丽娜睡得都晚。

第二天早上我醒来后才知道自己落选了。当我躺在床上盯着屏幕上的结果时，我能听到楼下的妈妈正在煮印度早餐奶茶。她温柔的声音把我带回了童年,那时我只想让她骄傲。这种感觉就像是在家长会后的早晨。我一度想象,如果选举结果不同,她会有多么自豪。如果我像她教我的那样,能活在当下,就能赢得这次选举。

我慢慢地走下楼梯,为面对她的失望做好了准备。但是当我走进厨房时,妈妈什么也没说。相反,她放下杯子,走过来,伸手搂住了我。

活在当下,或许并不总能带来成功。但成功的反面不是失败,而是令人生厌。所以让我们一起活在当下,让我们为令我们活跃起来的想法而奋斗,激励善良的人加入我们的团队一起奋斗。让我们体验自己将永远珍惜的时刻,即使会因为这一刻而受到伤害。

因为你已经准备好了。

致 谢

第一次见到卡莉·阿德勒时,她已经与杰出的思想家和商业领袖一起写过书了,但我与思想家或者商业领袖都沾不上边。所以当她同意成为我的写作伙伴时,我既惊讶又高兴。没有卡莉,本书就只是一个拼凑出来的不连贯的想法。卡莉·阿德勒为本书提供了一个统一连贯的线索,给书中的想法赋予了灵魂。

迪克兰·奥尼基安在本书完成前的最后 10 个月加入了团队。有最好的朋友成为自己一生的合作伙伴,实在难得,值得珍惜。从我们在橡树村小学外的小型联盟球场相遇的那天起,我就看到迪克兰以很有创意的方式将活力注入那些平淡的事情,正如他为本书所发挥的作用。

乔尔·斯坦因、安德鲁·沃勒和坎贝尔·施内布利花时间审阅了本书的早期草稿,为本书提出了完善的新想法。

我们的编辑菲尔·马里诺充分发掘了本书的潜力。这本书最初的定位是面向企业家,但菲尔知道这本书有更大的受众范围。他和利特尔 & 布朗图书集团许多才华横溢的同事一起,给了我信心和空间，让本书可以追求更大的目标。特别感谢布鲁斯·尼克斯接受这本书，感谢英国的克劳迪娅·康纳和费·罗伯森仔细阅读我的书稿，为本书面向全球发行做好准备。

大卫·维利亚诺是经纪人中的翘楚。他对出版业有着强烈的第六感。看他工作就像看赛场上比赛的精英运动员。我很感激他能接受一个既没有令人瞩目的业绩也没有名人背书的人作为客户。

鲍勃·托马斯和他在"全球演讲者小组"的团队很早就"押注"了本书，并帮助我们将这个话题展示给世界各地的优秀观众。即使在新冠肺炎疫情防控期间，他们也帮助引导本书的创作度过了不确定的时期。

本书植根于我的故事，有很多人使它成为可能。我的父母教会了我如何设定目标和努力工作。桑杰教会了我如何不断地重新审视这些目标是否与我的真实身份相符。安迪·马奥尼近10年来一直是我的商业和生活教练。没有他的鼓励，我永远不会走上写书这条道路。

在新冠肺炎疫情防控期间，我的女儿萨马拉（萨米）和瑟琳娜（组组）为我们的家庭生活带来了欢乐。写作本质上是一份孤独的工作，但因为有了她们，我从未感到孤单。8岁的萨米会为我的书画封面。3岁的组组会听我读草稿，然后看着我的眼睛说："干得好，爸爸！"我怀疑她们并不会真的需要这本书，但我希望她们知道，她们对本书的完成来说有多么重要。

即使有时候我对自己很没有信心，但我的太太丽娜一直坚信本书能够取得成功。在用"我"替换"值得背书者"这个词的情况下，本书的内容仍然成立。我能成就今天的自己，是因为丽娜给了我机会。

附 录

各章节核心内容提炼

第一章 先说服自己

- 给新想法安排孵化期

过早贸然地提出自己的想法通常会招来冷淡的反应,进而抑制甚至摧毁自己对想法的热情。请记住,说服人们的是信念而非魅力。连自己都没有买单想法的人,也无法说服他人去买单。厨师阿杜里斯每年让餐厅歇业3个月,用来建立对新食谱的信心,然后再与外界分享。请记住,大多数新想法并非死于会议,而是在走廊或茶水间就已胎死腹中,也就是说"提案"还没来得及发展完整就被公之于众。所以要为自己的想法提供成长所需的孵化时间。

- 直面反对意见

让自己站在潜在背书者的立场上,预测3个可能出现的反对意见。在做提案时,要直面而非回避这些反对意见。回避只会导致以后出现更多问题,还可能让背书者忽略提案的其他内容。里德·霍夫曼第一次做领英提案时,公司还没有一分钱收入。但他没有回避收入问题，而是直截了当地展示了这家初创公司在未来如何赚钱。先处理潜在的批评，会使提案内容更有说服力。

· 注重一次性工作的价值

人要接受这样一个事实，在新想法产生的早期阶段，大部分设想都无法实现。但一次性工作并不是在浪费时间，这只是过程的一部分。萨尔曼·鲁西迪每天写作，并不是因为受到特别的启发。他只是坐下来完成这项工作，他很清楚大部分工作结果最后都会被丢弃。但当把那些剩下的"小珍珠"串在一起时，就形成了句子、段落，最终形成了书籍。

· "情感赛道"与"金融赛道"同样重要

对某个想法感兴趣固然重要，但还远远不够。想法还需要有情感上的投入。促成新事物的诞生需要极大的耐力，因为创始人总要面对怀疑、冲突和截止日期。对想法的热情能给信念做补充。林-曼努尔·米兰达说，构思《汉密尔顿》这样的剧目需要耗时好多年。所以，"真的必须坠入爱河"，才能满足这种剧目应有的投入。在考虑一个概念时，不要只看它是否适合市场，还要弄清楚它是否真的适合你。

第二章　找准主角

· 将受众带入故事当中才能感同身受

人与人的连接靠情感沟通，而非概念认同。《每周工作4小时》

一书卖出了上千万册，但蒂莫西·费里斯一开始只是为两个被工作困住的朋友而写。最好的想法会将我们置身于一个故事中，这样我们就能在人文层面与概念之间产生连接。

· 为提案、营销、广告等创作故事脚本

分享客户的真实体验。柯尔斯顿·格林听了迈克尔·杜宾讲述客户在药房的痛苦经历，才对一美元剃须俱乐部产生兴趣。脚本是背书者和提案人之间的"移情桥梁"。脚本与我们潜在的服务对象有着深入的关联。要体验脚本中人物的所见所闻。

· 找准真正的主角

高朋和优步的文化都围绕着一个主角。但当这两家公司看不到自己的服务对象时，商业模式似乎就崩溃了。故事的主角被选定后，就不能中途换人。要把故事的主角打造成英雄，让周围的每一个人都受到鼓舞。

第三章 一个值得争取的秘密

· 提供一些网上无法搜索到的东西

伟大的想法往往源于一个费尽心思得来的秘密，以及通过第一手经验获得的隐秘的洞察力。构建想法时，要把自己想象成詹姆斯·卡梅隆，在泰坦尼克号的沉船残骸附近潜水，寻找那些纸上谈兵者不能发现的东西。正如布莱恩·格雷泽告诉我的："我要的想法必须基于惊人的洞察力，而不是在谷歌里搜索就能找到的答案。"

- 你的努力要足以打动人心

为了让本不情愿的霍华德·斯特恩相信写一本新书不会是一种"折磨",出版界高管乔纳森·卡普和团队成员梳理了数百份斯特恩曾经的采访记录,然后带着一本预装好的书再次找到他。通过加倍努力,卡普促成了一本畅销书的诞生。请记住,得出一个想法的过程,与想法本身一样令人难忘且重要。我曾经很不情愿,甚至有些尴尬,不想让投资者知道,我是通过站在慧俪轻体会议室门外为 Rise 招募早期客户的。然而,事实证明,这正是提案中最能打动人心的部分。

第四章 营造不可或缺的感觉

- 先从宏观趋势和变化谈起

普通的提案,只能告诉人们这是一个新想法;而一个值得背书的提案,能告诉人们这是一个不可或缺的想法。爱彼迎的创始人必须说服投资者,现在人们愿意与陌生人分享自己的家。他们没有试图告诉投资者自己认为世界应该如何,而是展示了世界已经在朝着这个方向发展。在爱彼迎最初的提案幻灯片中有一页重要的内容,显示了共享居家空间的情况:在沙发客网站和克雷格列表中的占比越来越大。

- 消除投资者对"下错注"的恐惧

下错注令人恐惧,这种感受是很强烈的,其程度达到了下对注时获得快乐的两倍之多。用恐惧消除恐惧，即围绕你的想法说明其不可或缺性，给背书者制造一种 FOMO 的氛围。萨姆·施瓦茨在向康卡斯特推销 Xfinity Mobile 时提出，这一想法不可避免地会由康卡斯特或其竞争对手提出。

- 只展现想法不够，还要展现想法正在发展

如果缺少势头，就不可能存在什么不可或缺性了。我们不可避免地需要向背书者表明转变，并表明自己已经取得了领先于同行的进展。安迪·邓恩向投资者提出了令人信服的论点，即 Bonobos 商业模式的流行是不可避免的。但正是他的早期销售业绩（用汽车后备厢卖裤子），让投资者认为不得不加入这股潮流。邓恩说，如果没有那一点点销售业绩的势头，投资者永远不会支持他。

- 要有愿景，但不能太多

史蒂夫·乔布斯并没有创造苹果手机这股智能机潮流，而是起到了加速推动的作用。韦恩格·格雷茨基曾经说过："我会滑到冰球所在的地方。"大多数被认为有远见的人，只是滑向了冰球会去的方向。

第五章　让局外人快速转化为局内人

- 谈一谈可能性，而不是必然性

分享你计划的每一个细节，会让人觉得你的想法难以改变，这往往会拒背书者于千里之外。背书者对一个想法感兴趣，会感觉自

己身在其中。吉米·佩奇同意拍摄纪录片，是因为导演向他展示了他们俩会"一起讲述这个故事"。请记住，影响你职业生涯的决定往往发生在你不在场的时候。这就是为什么在推销时，我们不仅要寻找背书者，还要寻找拥护者——一个与我们有同样热情投资于想法的人。

- **请直接讲出"我们的故事"**

如果你已经走上了一条明确的成功之路，那你不太可能会成为艾伦·麦克阿瑟基金会"天才奖"的候选人。艾伦·麦克阿瑟希望对你的职业生涯产生实际影响，而大多数背书者同样如此。因此，要对自己的差距和背书者的优势有认知，要明确表达怎样将两者结合在一起。与其展示如何凭借一己之力取得成功，不如向背书者展示为什么和你一起会成功。

- **让参与者成为英雄**

我们通常不会在一次对话中就赢得他人的青睐，而是通过一系列互动来建立信任和信心，从而赢得青睐。即使人们没接受最初的提案推荐，你仍然有机会争取到他们。布莱恩·伍德根据五角大楼官员的反馈修改了最早的提案，又回到那些官员面前，给他们留下了深刻的印象。因此，当背书者表示拒绝时，应找出原因，仔细聆听他们的反馈，再回去向他们展示你是如何专门解决他们关切的问题的。

- **分享就够了**

当设计师杰克·纳普放弃他的高保真模型图，开始分享手绘草图时，大家就一致认同了他提出的想法。分享的内容只需要清楚表达你的核心想法就够了，然后你们开始展开对话。要留有余地，方便争取背书过程中的机遇。

第六章　打好表演赛

·没有小场合

利用低风险的练习场合为高风险场合做好准备。像宋飞一样，不管有多少观众，都要抓住一切机会练习。如果朋友问起你的想法，与其做概述，不如让他们听听你的提案演讲。不管你对着谁练习，都要按照真实的场景去表现，把它当成一场真正的现场演说。这么做一开始可能会让你觉得很尴尬，但是像实际提案一样练习会带来真正的好处。当你不再小看任何一个场地，世界将成为你的舞台。

·接受尴尬和负面反馈

大多数人都希望避免负面反馈，这属于本能反应。但长期的成功往往来自短期的尴尬。一个人最糟糕的表现，都是自己的前几场表演赛。接受这个事实，在低风险观众群里练习完这几场表演赛。

·不要问：你是怎么看的

练习赛的目的是尽可能获得最直接的反馈。比如汤姆·李博士，将问题用作自己的工具，探查深层次的有效信息。向朋友解释一个想法后，我经常会请他们用自己的话解释一遍。这不仅能帮助我了解自己是否已经将想法表达清楚，还能帮助我找到新的方式来解释自己的想法。

- 建立背书人脉圈

不要仅仅依靠一个人来指点你的提案表现，而是要有一小群信赖的人一起帮助你。他们带来的不同观点，扮演的不同角色，会为你与背书者见面做好准备。不要拒绝你的"切达"，尽管他会故意给你的想法找碴，有时甚至十分令人厌恶。但最终是"切达"帮助了你，让你先背书者一步，找出那些潜在的反对意见。

- 21 轮法则

就像伟大的爵士音乐家一样，值得背书的人能够预估做提案时可能出现的问题，他们清楚自己的"肌肉记忆"足以支撑自己克服这些难题。这种程度的自信源于大量的练习。这听起来有点矫枉过正。但练习 21 次就会让你的"肌肉记忆"足够强壮，可以克服任何干扰乃至审问。与传统思维相反，这种练习会让人更加自如地应对。

- 重塑个人风格

国会初选失利后，巴拉克·奥巴马重塑个人风格去竞选总统。表演赛能让你发现自己的风格行不通。与其放弃梦想，不如鼓起勇气重塑风格，这是成功人士的必经之路。如果想要验证，那么可以搜索敬佩之人的旧演讲，注意他们的沟通方式发生了怎样的变化。自我重塑是变得值得背书的核心环节。

第七章　放下身段

· 要做出来，而不只是说出来

展示想法比简单地描述想法更有说服力。当比萨应用程序的创始人离开演讲台，开始演示应用程序时，整个人的状态完全变了。因此，只要有可能，就从演示模式切换到讨论模式，和背书者一起看一些东西。讨论模式往往会让人的状态更自然、融洽且自信。

· 忘记自己

当你感觉到自己在聚光灯之下时，要试着把光引到自己的想法上。要记住，你并不是在代表自己，而是在代表那些潜在的服务对象。当莉兹开始将自己视为客户的代理人时，她不再紧张，而她也吸引了整个会议室的目光。将自己视为客户的拥护者，能够让你摆脱头脑的束缚，就像查理·帕克一样，你可以忘记自己，尽情展示。

· 找到少数真正有热情的人

不是每个人都会喜欢你的想法，这没关系，因为你需要的只是找到真正喜欢它的人。找到那些相信你，相信你想要创造的充满热情的少数人。定制提案与把想法硬包装成一个不适合的提案之间存在本质上的区别。忠于自己的想法，记住，总会有背书者。

注 释

引 言 改变命运：从赢得他人支持开始

1. Alistair Barr and Clare Baldwin, "Groupon's IPO biggest by U.S. Web company since Google," Reuters, November 4, 2011, accessed April 8, 2020, https://www.reuters.com/article/us-groupon/groupons-ipo-biggest-by-u-s-web-company-since-google-idUSTRE7A352020111104.

2. Dominic Rushe, "Groupon fires CEO Andrew Mason after daily coupon company's value tumbles," Guardian, February 28, 2013, accessed April 8, 2020, https://www.theguardian.com/technology/2013/feb/28/andrew-mason-leaves-groupon-coupon.

3. Eric Johnson, "Why former Groupon CEO Andrew Mason regrets telling everyone he was fired," Vox, December 13, 2017, accessed September 2, 2020, https://www.vox.com/2017/12/13/16770838/groupon-ceo-andrew-mason-descript-audio-startup-recording-word-processor-recode-decode.

4. Howard Berkes, "Challenger engineer who warned of shuttle disaster dies," NPR, February 21, 2016, accessed January 30, 2020, https://www.npr.org/sections/thetwo-way/2016/03/21/470 870426/challenger-engineer-who-warned-of-shuttle-disaster-dies. Sarah Kaplan, "Finally free from guilt over Challenger disaster, an engineer dies in peace," The

Washington Post, March 22, 2016, accessed August 20, 2020, https://www.washingtonpost.com/ news /morning-mix /wp /2016/03/22/finally-free-from-guilt-over-challenger-disaster-an-engineer-dies-in-peace/. William Grimes, "Robert Ebeling, Challenger Engineer Who Warned of Disaster, Dies at 89," The New York Times, March 25, 2020, accessed August 8, 2020, https://www.nytimes.com/2016/03/26/science/robert-ebeling-challenger-engineer-who-warned-of-disaster-dies-at-89.html

5. Encyclopaedia Britannica Online, Editors of Encyclopaedia Britannica, s.v. "Christa Corrigan McAuliffe," accessed September 2, 2020, https:// www.britannica.com/biography/Christa-Corrigan-McAuliffe.

6. Berkes, "Challenger engineer."

7. U.S. Justice Department, U.S. Attorney's Office Southern District of New York, "William McFarland Sentenced To 6 Years In Prison In Manhattan Federal Court For Engaging In Multiple Fraudulent Schemes And Making False Statements To A Federal Law Enforcement Agent," October 11, 2018, accessed September 1, 2020, https:// www.justice.gov/usao-sdny/pr/william-mcfarland-sentenced-6-years-prison-manhattan-federal-court-engaging-multiple."Fyre: The Greatest Party that Never Happened," Directed by Chris Smith. Originally aired on Netflix, January 18, 2019.

8. Time, "Groundbreaker: Damyanti Gupta, First female engineer with an advanced degree at Ford Motor Company," July 29, 2018, accessed August 20, 2020, https://time.com/collection/firsts/5296993/damyanti-gupta-firsts/.

9. Time, "Groundbreaker."

10. Dr. Sanjay Gupta, "The Women Who Changed My Life," CNN.com, February 2, 2016, accessed September 2, 2020, https://www.cnn.com/2016/01/13/health/person-who-changed-my-life-sanjay-gupta/index.html.

11. Reshma Saujani, "Girls who code," filmed July 13, 2011, in New York, NY, TED video, 6:49, accessed September 2, 2020, https://youtu.be/ltoLOeE7K4A?t=119.

第一章　先说服自己

1. Mark Patinkin, "Mark Patinkin: Recalling when Mister Rogers softened a tough Rhode Island senator," Providence Journal, May 31, 2017, accessed September 2, 2020, https://www.providence journal.com/news/20170531/mark-patinkin-recalling-when-mister-rogers-softened-tough-rhode-island-senator.
2. "Sir Ken Robinson on how to encourage creativity among students," CBS This Morning, March 13, 2019, accessed September 2, 2020, video, 7:02, https://www.youtube.com/watch?v=4DD RNvs6D1I. https://www.ted.com/talks/sir_ken_robinson_do_schools_kill_creativity.
3. Minda Zetlin, "Elon Musk fails Public Speaking 101. Here's why we hang on every word (and what you can learn from him)," Inc., September 30, 2017, accessed January 28, 2020, https://www.inc.com/minda-zetlin/elon-musk-fails-public-speaking-101-heres-why-we-hang-on-every-word-what-you-can-learn-from-him.html.
4. Mic Wright, "The original iPhone announcement annotated: Steve Jobs' genius meets Genius," Next Web, September 9, 2015, accessed September 2, 2020, https://thenextweb.com/apple/2015/09/09/genius-annotated-with-genius/.
5. "Making life multiplanetary," SpaceX, September 29, 2017, accessed September 2, 2020, video, 1:34, https://www.youtube.com/watch?v=tdUX3ypDVwI.
6. "Mugaritz—back from the brink," Caterer, February 17, 2011, accessed September 2, 2020, https://www.thecaterer.com/news/restaurant/mugaritz-back from the brink.

7. The World's 50 Best Restaurants list.
8. Noel Murray, "A new Netflix docuseries heads inside Bill Gates' brain, but it keeps getting sidetracked," Verge, September 18, 2019, accessed September 2, 2020, https://www.theverge.com/2019/9/18/20872239/inside-bills-brain-decoding-bill-gates-movie-review-netflix-microsoft-documentary-series.
9. "How to convince investors," August 2013, PaulGraham.com, accessed September 2, 2020, http://paulgraham.com/convince.html.
10. Bel Booker, "Lego's growth strategy: How the toy brand innovated to expand," Attest, September 12, 2019, accessed April 2, 2020, https://www.askattest.com/blog/brand/legos-growth-strategy-how-the-toy-brand-innovated-to-expand.
11. Booker, "Lego's growth strategy."
12. Hillary Dixler Canavan, "Mugaritz is now serving moldy apples," Eater, July 31, 2017, accessed September 2, 2020, https://www.eater.com/2017/7/31/16069652/mugaritz-noble-rot-moldy-apples.
13. Elizabeth Foster, "LEGO revenue increases 4% in fiscal 2018," Kidscreen, February 27, 2019, accessed April 2, 2020, https:// kidscreen.com/2019/02/27/lego-revenue-increases-4-in-fiscal-2018/. Saabira Chaudhuri, "Lego returns to growth as it builds on U.S. momentum," Wall Street Journal, February 27, 2019, accessed April 2, 2020, https://www.wsj.com/articles/lego-returns-to-growth-as-it-builds-on-china-expansion-11551259001.
14. "Hello Monday: Troy Carter," LinkedIn Editors, February 26, 2020, video, 33:01, accessed September 2, 2020, https://www.youtube.com/watch?v=qAtj1HUuZC0.
15. Lisa Robinson, "Lady Gaga's Cultural Revolution," Vanity Fair, September 2010, accessed August 21, 2020, https://archive.

vanityfair.com/article/2010/9/lady-gagas-cultural-revolution. "'Pick Yourself Up'— Lady Gaga's West Virginia Roots and Her Grandma's Inspiring Words That Helped Make a Star," Moundsville: Biography of a Classic American Town, PBS, March 11, 2019, accessed August 21, 2020, https://moundsville.org/2019/03/11/pick-yourself-up-lady-gagas-west-virginia-roots-and-her-grandmas-inspiring-words-that-helped-make-a-star/.

16. Joseph Lin, "What diploma? Lady Gaga," Top 10 College Dropouts, Time, May 10, 2010, accessed March 23, 2020, http:// content.time.com/time/specials/packages/article/ 0,28804,1988080_1988093_1988083,00.html.Grigoriadis, Vanessa, "Growing Up Gaga," New York magazine, March 26, 2010, accessed August 21, 2020, https://nymag.com/arts/popmusic/features/65127/.

17. Sissi Cao, "Jeff Bezos and Dwight Schrute both hate PowerPoint," Observer, April 19, 2018, accessed September 2, 2020, https:// observer.com/2018/04/why-jeff-bezos-doesnt-allow-powerpoint-at-amazon-meetings/.

18. Shawn Callahan, "What might Amazon's 6-page narrative structure look like?" Anecdote, May 8, 2018, accessed September 2, 2020, https://www.anecdote.com/2018/05/amazons-six-page-narrative-structure/.

19. Jonathan Haidt, The Happiness Hypothesis, Basic Books, Perseus Book Group, 2006, https://www.happinesshypothesis.com/happiness-hypothesis-ch1.pdf.

20. "Playwright, composer, and performer Lin-Manuel Miranda, 2015 MacArthur Fellow," MacArthur Foundation, September 28, 2015, video, 3:25, accessed September 2, 2020, https://youtu.be/r69-fohpJ3o?t=15.

21. Vinamrata Singal, "Introducing Jimmy Chen — Propel," Medium, August 8, 2017, accessed September 2, 2020, https:// medium.com/

social-good-of-silicon-valley/introducing-jimmy-chen-propel-ed02c3014e75.

第二章　找准主角

1. Eric Savitz, "Kirsten Green," Barron's, March 20, 2020, accessed September 2, 2020, https://www.barrons.com/articles/barrons-100-most-influential-women-in-u-s-finance-kirsten-green-51584709202. Kirsten Green, "Empowerment: Forerunner and Fund IV," Medium, October 8, 2018, accessed September 2, 2020, https:// medium.com /forerunner-insights /empowerment-forerunner-at-fund-iv-1dd0cc1b6bc9.

2. Dave Nussbaum, "Writing to persuade: Insights from former New York Times op-ed editor Trish Hall," Behavioral Scientist, March 16, 2020, accessed September 2, 2020, https://behavioralscientist.org/writing-to-persuade-insights-from-former-new-york-times-op-ed-editor-trish-hall/.

3. Inside Bill's Brain, episode 2, directed by Davis Guggenheim, released September 20, 2019, on Netflix.

4. Stephanie Rosenbloom, "The World According to Tim Ferriss," New York Times, March 25, 2011, accessed August 19, 2020, https://www.nytimes.com/2011/03/27/fashion/27Ferris.html? src=twrhp.

5. Tim Ferriss, The Tim Ferriss Show Transcripts: The 4-Hour Workweek Revisited (#295), February 6, 2018, accessed September 2, 2020, https://tim.blog/2018/02/06/the-tim-ferriss-show-transcripts-the-4-hour-workweek-revisited/.

6. "Here's how Airbnb and Pixar use storytelling to bring great experiences to travelers," Next Generation Customer Experience, accessed September 2, 2020, https://nextgencx.wbresearch.com/airbnb-pixar-use-storytelling-better-travel-experience-ty-u.

7. Sarah Kessler, "How Snow White helped Airbnb's mobile mission,"

Fast Company, November 8, 2012, accessed September 2, 2020, https://www.fastcompany.com/3002813/how-snow-white-helped-airbnbs-mobile-mission.

8. DocSend and Tom Eisenmann, "What We Learned From 200 Startups Who Raised $360M," July 2015, accessed August 21, 2020, https://docsend.com/view/p8jxsqr.

9. Russ Heddleston, "Data tells us that investors love a good story," TechCrunch, April 12, 2019, accessed September 2, 2020, https://techcrunch.com/2019/04/12/data-tells-us-that-investors-love-a-good-story/.

10. Christopher Steiner, "Groupon's Andrew Mason did what great founders do," Forbes, February 28, 2013, accessed September 2, 2020, https://www.forbes.com/sites/christophersteiner/2013/02/28/groupons-andrew-mason-did-what-great-founders-do/#89ff8d58810d.

11. Eric Newcomer, "In video, Uber CEO argues with driver over falling fares," Bloomberg, February 28, 2017, accessed September 2, 2020, https://www.bloomberg.com/news/articles/2017-02-28/in-video-uber-ceo-argues-with-driver-over-falling-fares.

12. Johana Bhuiyan, "A new video shows Uber CEO Travis Kalanick arguing with a driver over fares," Vox, February 28, 2017, accessed May 1, 2020, https://www.vox.com/2017/2/28/14766964/video-uber-travis-kalanick-driver-argument.

第三章　一个值得争取的秘密

1. September 2, 2020, https://a16z.com/2018/08/04/earned-secrets-ben-horowitz-interns-2018/ (start at 8:15).

2. https://getpaidforyourpad.com/blog/the-airbnb-founder-story/#:~:text=It's%20late%202007%20in%20San,just%20moved%20from%20

New%20York.&text=They%20bought%20a%20few%20airbeds, and%20breakfast%20in%20the%20morning.

3. Steven Levitt, "The freakonomics of crack dealing," filmed February 2004 in Monterey, California, TED video, 21:03, accessed September 2, 2020, https://www.ted.com/talks/steven_levitt_the_freakonomics_of_crack_dealing/transcript?language=en.

4. Jessica Bennett, "Inside a Notorious Street Gang," Newsweek, January 31, 2008, accessed August 23, 2020, https://www.newsweek.com/inside-notorious-street-gang-86603. "Researcher Studies Gangs by Leading One," NPR, January 12, 2008, retrieved August 23, 2020, https://www.npr.org/transcripts/18003654.

5. Shannon Bond, "Logan Green, the carpooling chief executive driving Lyft's IPO," Financial Times, March 8, 2019, accessed August 24, 2020, https://www.ft.com/content/8a55de94-414e-11e9-b896-fe36ec32aece. Mike Isaac and Kate Conger, "As I.P.O Approaches, Lyft CEO Is Nudged into the Spotlight," New York Times, January 27, 2019, accessed September 1, 2020, https://www.nytimes.com/2019/01/27/technology/lyft-ceo-logan-green.html.

6. Nick Romano, "Howard Stern to release first book in more than 20 years," Entertainment Weekly, March 12, 2019, accessed January 29, 2020, https://ew.com/books/2019/03/12/howard-stern-comes-again-book/.

7. "Simon & Schuster's Jonathan Karp Calls Howard Stern His White Whale," The Howard Stern Show, May 14, 2019, retrieved January 28, 2020, https://www.youtube.com/watch?v=BOddXs4uzxc.

第四章 营造不可或缺的感觉

1. Malcolm Lewis, "AirBnB pitch deck," March 12, 2015, slide 4, accessed September 2, 2020, https://www.slideshare.net/PitchDeckCoach/airbnb-

first-pitch-deck-editable.

2. "Rent the Runway: Jenn Hyman," How I Built This with Guy Raz, NPR, August 7, 2017, retrieved August 18, 2020, https:// www.npr.org/2017/09/21/541686055/rent-the-runway-jenn-hyman.

3. Adrian Granzella Larssen, "What we've learned: A Q&A with Rent the Runway's founders," The Muse, accessed September 2, 2020, https://www.themuse.com/advice/what-weve-learned-a-qa-with-rent-the-runways-founders.

4. Kantar, Worldpanel Division US, Beverages Consumption Panel, 12 March 2014.

5. Daniel Kahneman, "Daniel Kahneman," Biographical, The Nobel Prize, 2002, accessed August 25, 2020, https://www.nobelprize.org/prizes/economic-sciences/2002/kahneman/biographical/. Amos Tversky and Daniel Kahneman, "Loss Aversion in Riskless Choice: A Reference-Dependent Model," The Quarterly Journal of Economics 106, 4 (November 1991): 1039–1061, https://doi.org/10.2307/2937956.

6. Minda Zetlin, "Blockbuster could have bought Netflix for $50 million, but the CEO thought it was a joke," Inc., September 20, 2019, accessed September 2, 2020, https://www.inc.com/minda-zetlin/netflix-blockbuster-meeting-marc-randolph-reed hastings-john-antioco.html. Marc Randolph, "He 'was struggling not to laugh': Inside Netflix's crazy, doomed meeting with Blockbuster," Vanity Fair, September 17, 2019, accessed September 2, 2020, https://www.vanityfair.com/ news/2019/09/netflixs-crazy-doomed-meeting-with-blockbuster.

7. Bill Cotter, Seattle's 1962 World's Fair (Mount Pleasant, SC: Arcadia, 2015), 28, accessed September 2, 2020, https://books.google.com/books?id=LefRCgAAQBAJ&pg=PA27&lpg=PA27&dq=In+1962,+General+Motors+showcased+its+Firebird+III&source=bl&ots=kcVBkz9SCX

&sig=ACfU3U2ZV_NV-fQQcqg INenD8l3jsWH6fw&hl=en&sa=X&ved=2ahUKEwj0tdT0pdDp AhUBgnIEHc2hBBEQ6AEwC3oECAsQAQ#v=onepage&q=In%201962%2C%20General%20Motors%20showcased%20its%20Firebird%20III&f=false.

8. Matt Novak, "GM Car of the Future," Paleofuture, https://paleofuture.com/blog/2007/6/29/gm-car-of-the-future-1962.html.

9. Dan Primack and Kirsten Korosec, "GM buying self-driving tech startup for more than $1 billion," Fortune, March 11, 2016, accessed September 2, 2020, https://fortune.com/2016/03/11/gm-buying-self-driving-tech-startup-for-more-than-1-billion/.

10. "Ford invests in Argo AI, a new artificial intelligence company, in drive for autonomous vehicle leadership," Ford Media Center, February 10, 2017, accessed September 2, 2020, https://media.ford.com/content/fordmedia/fna/us/en/news/2017/02/10/ford-invests-in-argo-ai-new-artificial-intelligence-company.html.

11. Megan Rose Dickey, "Waymo expands autonomous driving partnership with Fiat Chrysler," TechCrunch, May 31, 2018, accessed September 2, 2020, https://techcrunch.com/2018/05/31/waymo-expands-autonomous-driving-partnership-with-fiat-chrysler/.

12. "Uber to use self-driving Mercedes-Benz cars," Fleet Europe, February 1, 2017, accessed September 2, 2020, https://www.fleeteurope.com/fr/connected-financial-models-smart-mobility/europe/news/uber-use-self-driving-mercedes-benz-cars?a=FJA 05&t%5B0%5D=Daimler&t%5B1%5D=Mercedes-Benz&t%5B2% 5D=Uber&curl=1.

13. Jefferies, "The Millennial's New Clothes: Apparel Rental and the Impact to Retailers," August 19, 2019, https://drive.google.com/file/d/1dzBxn1l213S9Ew4BqeWOn_Ky-4sGaNdz/view.

14. Case study: https://www.zuora.com/our-customers/case-studies/zoom/.

15. Sarah Lacy, "Amazon buys Zappos; the price is $928m., not$847m.," TechCrunch, July 22, 2009, accessed September 2, 2020, https://techcrunch.com/2009/07/22/amazon-buys-zappos/.
16. Collen DeBaise, "Cinderella dreams, shoestring budget? No problem," Wall Street Journal, February 16, 2011, accessed January 28, 2020, https://www.wsj.com/articles/SB10001424052748703373404576148170681457268.
17. Jessica Klein, "35% of the U.S. workforce is now freelancing— 10 million more than 5 years ago," Fast Company, October 3, 2019, accessed September 2, 2020, https://www.fastcompany.com/90411808/35-of-the-u-s-workforce-is-now-freelancing-10-million-more-than-5-years-ago.
18. Dakin Campbell, "How WeWork spiraled from a $47 billion valuation to talk of bankruptcy in just 6 weeks," Business Insider, September 28, 2019, accessed September 2, 2020, https://www.businessinsider.com/weworks-nightmare-ipo.
19. Madeline Cuello, "What is the gig economy?" WeWork, November 27, 2019, accessed January 30, 2019, https://www.wework.com/ideas/what-is-the-gig-economy.
20. Eliot Brown, "How Adam Neumann's Over-the-Top Style Built WeWork: 'This Is Not the Way Everybody Behaves,' " The Wall Street Journal, September 18, 2019, retrieved August 20, 2020, https://www.wsj.com/articles/this-is-not-the-way-everybody-behaves-how-adam-neumanns-over-the-top-style-built-wework-11568823827.
21. Gary Krakow, "Happy birthday, Palm Pilot," MSNBC.com, March 22, 2006, accessed January 30, 2020, http://www.nbcnews.com/id/11945300/ns/technology_and_science-tech_and_gadgets/t/happy-birthday-palm-pilot/.
22. Alexis Madrigal, "The iPhone was inevitable," Atlantic, June 29, 2017,

accessed January 30, 2020, https://www.theatlantic.com/technology/archive/2017/06/the-iphone-was-inevitable/531963/.

第五章 让局外人快速转化为局内人

1. Laura Spinney, "The hard way: Our odd desire to do it ourselves," New Scientist, December 20, 2011, accessed September 2, 2020, https://www.newscientist.com/article/mg21228441-800-the-hard-way-our-odd-desire-to-do-it-ourselves/.
2. Michael I. Norton, Daniel Mochon, and Dan Ariely, "The 'IKEA effect': When labor leads to love" (working paper 11-091, Harvard Business School, 2011), accessed September 2, 2020, https://www.hbs.edu/faculty/publication%20files/11-091.pdf.
3. Norton, Mochon, and Ariely, "The 'IKEA effect.' "
4. Salman Rushdie, Midnight's Children (London: Everyman's Library, 1995).
5. Phil Alexander, "One Louder!", Mojo, February 2010, p. 77.
6. Matthew Creamer, "Apple's first marketing guru on why '1984' is overrated," AdAge, March 1, 2012, accessed January 28, 2020, https://adage.com/article/digital/apple-s-marketing-guru-1984-overrated/232933.
7. "Steve Jobs: The man in the machine," CNN, January 9, 2016, accessed January 28, 2020, https://archive.org/details/CNNW_20160110_020000_Steve_Jobs_The_Man_in_the_Machine/start/1080/end/1140.
8. Regis McKenna, "My biggest mistake: Regis McKenna," Independent, November 11, 1992, accessed January 28, 2020, https:// www.independent.co.uk/news/business/my-biggest-mistake-regis-mckenna-1556795.html.
9. Sarah Buhr, "Piper Pied imitates HBO's Silicon Valley and creates lossless compression for online images," TechCrunch, May 3, 2015, accessed

September 2, 2020, https://techcrunch.com/2015/05/03/ppiper-pied-imitates-hbos-silicon-valley-and-creates-lossless-compression-for-online-images/.Kyle Russell, "Facebook acquires QuickFire Networks, a 'Pied Piper' for video," TechCrunch, January 8, 2015, accessed September 2, 2020, https://techcrunch.com/2015/01/08/facebook-acquires-quickfire-networks-a-pied-piper-for-video/.

10. "Inaugural address of John F. Kennedy," January 20, 1961, Avalon Project, Yale Law School, accessed September 2, 2020, https:// avalon.law.yale.edu/20th_century/kennedy.asp.

11. "MBA entering class profile," Stanford Graduate School of Business, accessed September 2, 2020, https://www.gsb.stanford.edu/programs/mba/admission/class-profile.

12. https://www.aspeninstitute.org/programs/henry-crown-fellowship/nominate-henry-crown-fellowship/.

13. Amy Larocca, "The magic skin of Glossier's Emily Weiss," New York magazine, January 8, 2018, accessed September 2, 2020, https://www.thecut.com/2018/01/glossier-emily-weiss.html.

14. Staff of Entrepreneur Media, Entrepreneur Voices on Growth Hacking (Irvine, CA: Entrepreneur Press, 2018), accessed September 2, 2020, https://books.google.com/books?id=6KBT DwAAQBAJ&pg=PT126&lpg=PT126&dq=into+the+gloss+ten+million+ page+ views&source=bl&ots=yilRPWW8Sn&sig=ACf U3U0Y0CPWr8M6JS87mnmRtejfAR Rx7w&hl=en&sa=X&ved=2ahUKEwjiqMnOm9DpAhVrkeAKHbP_D6kQ6AEwCXoECA oQAQ#v=onepage&q=into%20the% 20gloss%20ten%20million% 20page%20views&f=false.

15. Staff of Entrepreneur Media, Entrepreneur Voices on Growth Hacking.

16. Anthony Noto, "Kirsten Green's Forerunner Ventures raises $350M," Business Journals, October 9, 2018, accessed September 2, 2020, https://

www.bizjournals.com/bizwomen/news/latest-news/2018/10/kirsten-greens-forerunner-ventures-raises-350m.html.

17. Bridget March, "Glossier is now valued at more than $1.2 billion," Harper's Bazaar, March 20, 2019, accessed September 2,2020, https://www.harpersbazaar.com/uk/beauty/make-up-nails/a26881951/glossier-valuation-unicorn/.Lawrence Ingrassia, "Meet the Investor Who Bet Early on Warby Parker, Glossier, and Dollar Shave Club," Medium, February 13, 2020, accessed August 26, 2020, https://marker.medium.com/meet-the-investor-who-bet-early-on-warby-parker-dollar-shave-club-and-glossier-9809fc9ea1e.

18. Polina Marinova, "Stitch Fix CEO Katrina Lake joins the board of beauty products company Glossier," Fortune, June 26, 2018, accessed September 2, 2020, https://fortune.com/2018/06/26/katrina-lake-stitchfix-glossier/.

19. Masters of Scale, "The Reid Hoffman Story (Part 2) Make Everyone a Hero," https://mastersofscale.com/wp-content/uploads/2019/02/mos-episode-transcript-reid-hoffman-part-2.pdf.

20. Penelope Burk, Donor-Centered Fundraising, Second Edition(Chicago: Cygnus Applied Research Inc., 2018), https://cygresearch.com/product/donor-centered-fundraising-new-edition/.

第六章　打好表演赛

1. Hunter Walk, "Do it in real time: Practicing your startup pitch," Hunter Walk (blog), July 25, 2019, accessed September 2, 2020, https://hunterwalk.com/2019/07/25/do-it-in-real-time-practicing-your-startup-pitch/.

2. Life Healthcare, Inc. (form S-1 registration statement, U.S. Securities and Exchange Commission, January 3, 2020), accessed September 2, 2020,

https://www.sec.gov/Archives/edgar/data/1404123/000119312520001429/d806726ds1.htm.

3. Melia Robinson, "After trying One Medical, I could never use a regular doctor again," Business Insider, January 28, 2016, accessed January 29, 2020, https://www.businessinsider.com/ what-its-like-to-use-one-medical-group-2016-1#the-freedom-to-easily-see-a-doctor-in-40-locations-nationwide-makes-one-medical-group-the-best-practice-ive-ever-used-22.

4. "The World's 50 Most Innovative Companies 2017," Fast Company, accessed September 2, 2020, https://www.fastcompany.com/most-innovative-companies/2017/sectors/health.

5. Esther Perel, "The secret to desire in a long-term relationship,"TEDSalon NY 2013, https://www.ted.com/talks/esther_perel_the_secre_to_desire_in_a_long_term_relationship/transcript? language=en#t-247887.

6. "The Tim Ferriss Show transcripts: Episode 28: Peter Thiel (show notes and links at tim.blog/podcast)," 2017–2018, accessed September 2, 2020, https://tim.blog/wp-content/uploads/2018/07/28-peter-thiel.pdf.

7. "Charlie Munger on Getting Rich, Wisdom, Focus, Fake Knowledge and More," https://fs.blog/2017/02/charlie-munger-wisdom/.

8. "Obama 4: Wait Your Turn," from Making Obama, Chicago Public Media, March 1, 2018, accessed September 2, 2020, https:// www.wbez.org/stories/obama-4-wait-your-turn/34d62aec-cd06-49bc-86a6-4cdf33766055.

9. John Sepulvado, "Obama's 'overnight success' in 2004 was a year in the making," OPB, May 19, 2016, accessed September 2, 2020, https://www.opb.org/news/series/election-2016/president-barack-obama-2004-convention-speech-legacy/.

10. Jodi Kantor and Monica Davey, "Crossed Paths: Chicago's Jacksons and Obamas," New York Times, February 24, 2013, accessed September 1, 2020, https://www.nytimes.com/2013/02/25/us/politics/crossed-paths-

chicagos-jacksons-and-obamas.html.

11. "Obama 1: The Man in the Background," from Making Obama, Chicago Public Media, February 8, 2018, accessed September 2, 2020, https://www.wbez.org/stories/obama-1-the-man-in-the-background/52566713-83d4-4875-8bb1-eba55937228e.

第七章　放下身段

1. "George P. Schaller, PhD: Wildlife Biologist and Conservationist," Biography, Academy of Achievement, accessed August 20, 2020, https://achievement.org/achiever/george-b-schaller-ph-d/. "Jack Kornfield: Awakening the Buddha of Wisdom in Difficulties," accessed August 28, 2020, https://jackkornfield.com/awakening-buddha-wisdom-difficulties/. Jack Kornfield, A Lamp in the Darkness: Illuminating the Path Through Difficult Times (Sounds True, 2014).
2. "Pizza trivia," Pizza Joint website, accessed September 2, 2020, https://www.thepizzajoint.com/pizzafacts.html, and Packaged Facts, New York.
3. Yoni Blumberg, "Domino's stock outperformed Apple and Amazon over 7 years — now it's the world's largest pizza chain," CNBC, March 1, 2018, accessed January 30, 2020, https:// www.cnbc.com/2018/03/01/no-point-1-pizza-chain-dominos-outperformed-amazon-google-and-apple-stocks.html.
4. Parmy Olson, "Inside The Facebook–WhatsApp Megadeal: The Courtship, The Secret Meetings, The $19 Billion Poker Game," Forbes, March 4, 2014, accessed August 20, 2020, https:// www. forbes.com/ sites/ parmyolson/ 2014/03/04/inside- the-facebook-whatsapp-megadeal-the-courtship-the-secret-meetings-the-19-billion-poker-game/#2a3c0945350f.
5. Peter Kelley, "The King's Speech mostly true to life, UW expert on stuttering says," UW News, January 12, 2001, accessed January 28, 2020,

https://www.washington.edu/news/2011/01/12/the-kings-speech-mostly-true-to-life-uw-expert-on-stuttering-says/.

6. "Charges baby food maker utilized scare tactics," Standard-Speaker (Hazleton, Pennsylvania), January 10, 1976, p. 8, accessed September 24, 2020, https://www.newspapers.com/clip/23773011/.

7. Adam Braun, The Promise of a Pencil (New York: Scribner, 2014), 122–123.

第八章　背书者精选访谈

1. Interviews have been excerpted and edited for clarity.

结　论　活在当下

1. "Airbnb statistics," iProperty Management, last updated March 2020, accessed September 1, 2020, https://ipropertymanagement.com/research/airbnb-statistics.